5416

NOTICES.

Les présentes Notices qui se vendent au profit des pauvres, se trouvent chez les principaux libraires des villes de France et de l'étranger, dont les noms suivent :

Aix.	Marseille.
Alexandrie (Égypte).	Milan.
Alger.	Mons.
Angers.	Montpellier.
Avignon.	Moscow.
Berlin.	Metz.
Besançon.	Nantes.
Bordeaux.	Nancy.
Bourges.	Naples.
Bruxelles.	New-York.
Calcutta.	Orléans.
Constantinople.	Orléans (Nouvelle).
Dijon.	Palerme.
Dresde.	Paris.
Dublin.	Philadelphie.
Édimbourg.	Prague.
Florence.	Rio-de-Janeiro.
Gand.	Rome.
Genéve.	Rouen.
Gènes.	Saint-Pétersbourg.
Grenoble.	Strasbourg.
Leipsick.	Toulon.
Lille (Flandre).	Toulouse.
Limoges.	Turin.
Londres.	Varsovie.
Lyon.	Vienne (France).
Madrid.	Vienne (Autriche).

PARIS. — IMPRIMERIE DE FAIN ET THUNOT,
Rue Racine, 28, près de l'Odéon.

NOTICES BIBLIOGRAPHIQUES

SUR DEUX OUVRAGES IMPRIMÉS DANS LE XVe SIÈCLE

ET INTITULÉS : L'UN

BREVIARIUM IN CODICEM

PAR JEAN LEFÈVRE,

ET L'AUTRE

FASCICULUS TEMPORUM

PAR WERNER ROLEWINCK;

SUIVIES

de la description exacte et complète de leur curieuse reliure EN BOIS,
ayant fait partie d'un livre de même matière gravé en relief à Aix en 1443,
avec le portrait et les armes de RENÉ D'ANJOU,
au moyen d'un procédé totalement inconnu de nos jours, par PIERRE DE MILAN,
graveur de ce prince.

PAR M. DE LA PLANE, JEUNE,

ANCIEN MAGISTRAT, MEMBRE ASSOCIÉ ET CORRESPONDANT DE PLUSIEURS ACADÉMIES
ET SOCIÉTÉS SAVANTES ET LITTÉRAIRES, TANT NATIONALES QU'ÉTRANGÈRES.

Fides servata ditat.
(*Paroles du roi René à Raymond Talon, évêque de Sisteron.*)

PARIS,

LOUIS LABBÉ, LIBRAIRE-COMMISSIONNAIRE,
rue Saint-André-des-Arts, 51;

A SISTERON, CHEZ SIMON, LIBRAIRE,
place Saint-Tropez, près de l'Obélisque;

ET CHEZ L'AUTEUR, RUE DE LEUZE, 1.

—

JUIN 1845.

Vers la fin de mai 1825, l'auteur des deux présentes notices fut averti secrètement, par un de ses amis, aussi distingué par les qualités du cœur et de l'esprit que par une instruction aussi solide que variée, que deux voitures pesamment chargées de vieux livres, qualifiés de livres gaulois par leur propriétaire, venaient d'être dirigées par celui-ci vers la fabrique à papier que baignent les eaux du *Jabron*, à une demi-lieue environ de la ville de Sisteron, pour être là mis impitoyablement sous le pilon et convertis ensuite en grossier papier d'emballage, moyennant le prix chétif de huit francs le quintal, payé d'avance par un jeune Allemand, tout à fait illettré, dont le goût tout rustique, ainsi que celui de son vendeur, « que j'aime pourtant, » ajouta-t-il en riant, mais d'un air pénétré, « s'accom-
» moderait bien mieux de la culture de la pomme de
» terre ou de la betterave, que de celle des sciences et
» des lettres. » Quelle pitié ! encore si mon âge

pouvait me permettre de suivre ces malheureux, condamnés sans avoir été entendus, peut-être serait-il possible d'en sauver quelqu'un. « C'est à vous, Monsieur,
en s'adressant à son interlocuteur dont la surprise et
l'affliction étaient égales aux siennes, à faire ce que je
ne puis moi-même ; partez au plutôt ; n'étant point
étranger à la connaissance des livres, j'ai tout lieu
d'espérer que vos démarches et vos soins ne seront
point inutiles, ni perdus pour conserver à la science
quelque ouvrage précieux, que sait-on? peut-être
quelque rare production typographique du XVe siècle. »
Aussitôt dit, aussitôt fait, l'amateur, sans mot dire,
prend ses souliers ferrés, sa canne et son chapeau,
se met en chemin, arrive bientôt, fort essoufflé, au lieu
du sacrifice, où cet autodafé de nouvelle espèce,
surtout dans le siècle des lumières, devait être perpé-
tré, comme le disent habituellement les gens de pratique, non à l'aide du feu, mais au moyen de l'eau
du *Jabron* qui n'est pas toujours claire, car certains
étymologistes, dont l'esprit tiendrait apparemment
un peu de sa nature, font dériver le nom de cette
petite rivière de sa couleur foncée *aqua bruna*, eau
brune, ce qui conviendrait peut-être un peu mieux

à sa fangeuse et turbulente voisine, la Durance, comme chacun sait.

Quoi qu'il en soit, ces vieux et respectables débris des siècles écoulés, avaient été jetés pêle-mêle, et sans ordre, sur le plancher fort peu solide d'une chambre peu spacieuse où le jour avait de la peine à pénétrer à travers une petite fenêtre grillée donnant du côté du nord. Aux yeux du bibliophile empressé, c'était une seconde image du chaos qu'offraient les productions de l'esprit et du génie de nos pères, qui cette fois se trouvaient classées et disposées à peu près comme pourraient l'être les idées ou les pensées dans la tête et le cerveau d'un véritable doctrinaire.

Il n'y avait pas un moment à perdre, à chaque instant les dignes enfants d'Omar pouvaient survenir, et, d'une main biblicide, les anéantir à tout jamais!

Pour prévenir un semblable malheur, la première pensée de l'amateur fut de s'enfermer sous clef dans cette espèce de cachot, mais, toutefois, après en avoir obtenu la permission de la maîtresse du logis, vivement émue de la manière avec laquelle il avait demandé grâce pour ces illustres et infortunés prisonniers, dont la plus grande partie, hélas! devaient cependant,..... on n'ose achever!

Les in-folio, comme les plus apparents par leur volume, furent d'abord soigneusement explorés; la plupart malheureusement étaient dépareillés, mais ce qui était fort remarquable, c'est que beaucoup d'entre eux étaient reliés en bois, circonstance qui sera toujours pour celui qui les a vus, une source intarissable des plus amers regrets;..... il en fera plus tard connaître la raison...

Dans ce format il ne put trouver de complet qu'un beau Pline le naturaliste, et les deux volumes qui font l'objet des notices, dont la reliure est en bois, et qui sont intitulés, l'un *Breviarium super codice* et l'autre *Fasciculus temporum*, ce dernier étant réellement plutôt un grand in-4°, qu'un in-folio, ainsi qu'on le démontrera ci-après.

Vinrent ensuite les in-4°, puis les in-8°, parmi lesquels furent saisies comme à la volée, plusieurs rares éditions aldines de Cicéron, de Quintilien, de Pline le jeune, de Xénophon, etc., etc.

Au milieu de ces recherches, comparables à une espèce de loterie, il lui tomba dans les mains comme

par miracle, un curieux volume, fort in-4°, intitulé :
*Mémoires pour servir à l'histoire de Sisteron, depuis
l'an 1060, jusqu'en l'année* 1748, et une demi-douzaine
de registres d'anciens notaires, dont la date remonte
vers la fin du XIVe ou le commencement du XVe
siècle ; ces derniers ont été déposés, dans le temps,
au greffe du tribunal de Sisteron, pour être réunis à
ceux qu'en avril 1817 le même amateur, qui était
alors procureur du Roi, y avait fait transporter au
nombre d'environ douze cents, pour les sauver d'une
entière et inévitable destruction.

De retour à la ville et tout couvert de poussière,
emportant avec lui son précieux fardeau, il s'em-
pressa de faire part du résultat de sa course à celui
qui lui en avait inspiré l'idée, et il eut la satisfaction
de causer par son récit au spirituel vieillard, une joie
et un plaisir qui, pour un moment, les rendirent
heureux l'un et l'autre ; mais, hélas ! ce bonheur,
que bien des gens peut-être ne comprendront pas,
devait bientôt s'évanouir, comme s'évanouissent toujours tous les bonheurs du monde, et peu de temps
après, cet excellent homme avait cessé de vivre, emportant avec lui des regrets universels, qui dureront

aussi longtemps que les hommes réunis en société
sauront apprécier dignement tout ce que valent un
esprit éminemment français, uni au vrai savoir, et le
bon goût joint à l'usage et au ton de la meilleure
compagnie.

L'auteur de cet opuscule se proposait, avant son
changement de résidence en 1827, de publier successivement, dans l'intérêt de sa ville natale, une analyse
complète, tant des mémoires que des registres ci-
dessus, si toutefois le temps et ses occupations le lui
eussent permis.

Une table chronologique et analytique des registres, contenant les noms des notaires et des parties
contractantes, la date et la nature des actes, aurait
été incontestablement le travail à la fois le plus intéressant et le plus utile qu'on pût faire pour les habitants d'un pays, où communément, ainsi que dans
toutes les petites localités, les facultés et les esprits,
ne pouvant s'élever à la hauteur des intérêts généraux, doivent nécessairement se renfermer dans le
cercle plus étroit des intérêts privés.

Mais dans tous les cas, le résultat de ses soins et
de ses recherches multipliées n'aura point été tout à

fait infructueux et inutile pour lui et pour ses compatriotes, puisque les uns et les autres ont été souvent mis à contribution, et consultés pour la composition de la nouvelle histoire de Sisteron, publiée récemment, et dont le mérite ne saurait être incontestable, ni le succès douteux, puisqu'elle repose en grande partie sur des documents authentiques, puisés aux véritables sources, et mis en œuvre par l'estimable auteur de l'essai sur l'histoire municipale de la même ville, où ces registres sont mentionnés page 202, sans qu'il y soit dit pourtant à qui est due la conservation de cet inestimable dépôt, mais aussi sans qu'on entende, en aucune manière, appliquer ici un superbe *sic vos non vobis*, qu'une œuvre de plus haute portée aurait pu seule inspirer.

Il se proposait également de livrer au public un travail analogue à celui qu'il ose lui présenter aujourd'hui, après une absence de quinze ans qui lui était nécessaire pour pouvoir recouvrer son entière indépendance et reprendre avec elle

> Ces biens, ces doux trésors, chers gages qui jamais
> N'attirèrent sur eux l'envie et le mensonge!

travail qui aurait pu encore être ajourné, sans la

circonstance heureuse qui lui a fait découvrir, après
un nouvel examen, sous le parchemin, la peau et le
papier, collés sur la partie intérieure de la reliure en
bois de chacun des deux volumes dont il va s'occuper,
plusieurs pages d'écriture, un portrait, des armoiries
et divers ornements, etc., etc., gravés en relief, à
l'aide seulement d'une plume, sans aucun burin ni
ciseau, et au moyen d'un art merveilleux ; *solâ calami
exaratione, absque omni scalptorio et per artem mirificam*, ainsi que le disent en propres termes ces curieux débris d'un livre peut-être unique dans son
genre et exécuté d'une manière qui vient révéler tout
à coup, au monde industriel et artistique, un art
tout nouveau dont le secret est malheureusement
perdu.

I.

BREVIARIUM IN CODICEM

DE

JEAN LEFÈVRE.

Ce volume, de format in-folio, de 480 pages, est imprimé sur papier fort, collé, sans filigrane et en caractères gothiques, mixtes-ronds, c'est-à-dire en écriture minuscule, qui, dans le cours de la période gothique proprement dite, dont le commencement est fixé par les meilleurs paléographes vers 1201 (1), a été successivement modifiée jus-

---

(1) Cette fixation a été déterminée par les monuments écrits en minuscule, tendant vers les formes gothiques : tel est celui de 1201 qui se trouve à la bibliothèque royale, ancien fonds latin, n° 2770, in-4° vélin.

1

qu'au commencement du XVIe siècle par l'introduction d'un certain nombre de caractères empruntés à l'alphabet cursif, tels que a, b, d, f, h, l,
s, les autres lettres de cette écriture étant remarquables par leur régularité et l'absence de toute
liaison (1), ainsi qu'on peut s'en assurer par l'inspection des manuscrits sur vélin de la Bibliothèque
royale et des archives du royaume, ancien fonds
latin et français, des années 1201, 1374, 1397, 1472
et 1489, compris sous les n°s 401, cote 6, 7356,
1294, 880 (2), et figurés en partie par des *fac-simile*
dont l'exactitude et la belle exécution ne laissent
rien à désirer, et qui ont servi à déterminer d'une
manière précise la nature et le vrai caractère de
l'écriture ou de l'impression du *Breviarium* (3).

Ce livre, sans chiffres, réclames, ni registres,
se compose en tout de vingt-neuf cahiers de cinq
feuilles chacun, ayant pour signatures les vingt-
deux premières lettres de l'alphabet, suivies cha-

---

(1) Voyez Paléographie pour servir à l'étude des documents inédits de l'histoire de France, par Nat. de Wailly,
Paris, imprimerie royale, 1838, grand in-4°, tom. I, pag. 407
et suivantes.

(2) Voyez même ouvrage, tom. II, pag. 255-259-
261-275.

(3) Voyez Paléographie de *Wailly*, tom. II, planches VII,
n° 1, IX, n° 6, X, n°s 5-7, XVII, n°s 1-3.

cune des chiffres un à cinq, et, après la vingt-
deuxième lettre, les premières, d'une plus grande
dimension, recommencent jusqu'à la lettre H,
dans le même ordre qu'auparavant et jusqu'à la
fin du septième cahier qui est le dernier.

Au haut de chaque page, se trouvent alternati-
vement le mot *liber* en capitales et le chiffre indi-
catif, seulement, de chacun des livres du *Breviarium*, qui en a neuf et est imprimé sur deux colonnes
ayant chacune quarante lignes à la page et quatorze syllabes à la ligne, ce qui fait en tout 1,160
colonnes, 46,400 lignes, 649,600 syllabes et environ 1,299,200 lettres.

Les lettres initiales historiées, en prenant un
terme moyen, sont au nombre de cinq, au moins,
à chaque colonne ; elles sont peintes ou tracées à
traits fort prolongés, soit à la plume, soit au pinceau avec une encre rouge et bleue très-luisante,
et leur nombre total est de 5,800, indépendamment des traits d'union et accolades qui embras-
sent parfois la moitié des colonnes, et des figures
d'hommes ou d'animaux dont les livres 2, 3, 6,
et 9 offrent chacun un exemple. ·

Ce qui est assez remarquable, c'est qu'à la place
où doivent être les initiales, se trouvent imprimées
des lettres minuscules de même dimension que
celles du corps de l'ouvrage, et qui semblent y
avoir été mises tout exprès pour indiquer à l'enlu-

mineur ou au calligraphe le lieu où il devait tracer les mêmes lettres en capitales, au milieu desquelles les premières sont presque imperceptibles ; ce qui est une preuve nouvelle à ajouter à tant d'autres, que, depuis la première édition de la célèbre Bible latine, dite *Mazarine*, qu'on croit généralement être sortie des presses de Gutenberg et de Fust, à Mayence, vers 1455, jusqu'à l'époque de 1480, date du *Breviarium*, on n'imprimait pas encore ces sortes de lettres, qui après, comme on le sait, furent d'abord gravées sur bois et ensuite sur matière de fonte.

Le véritable titre du livre est :

« Breviarium domini Johannis Fabri super codice » permultum utile in utriusque juris facultate inci- » pit feliciter. »

Chaque livre du volume se termine ainsi :

» Liber, etc., etc. Breviarium domini Johannis » Fabri super codice finit feliciter, » et à la fin du volume on lit cette souscription en caractères de plus forte dimension que ceux du corps du livre :

« Famosissimi utriusque juris domini Johannis » Fabri Breviarium perutile super codice, quo » doctores et summi practici nostri temporis per- » maxime utuntur, etc., etc., finit feliciter sub » anno incarnationis dominice millesimo quadri- » gentesimo octuagesimo (1480), die XIII mensis

» novembris, per Nicolaum Pistoris de Bensheim
» et Marcum Reinardi de Argentina socios. »

Comme on le voit, la souscription ne porte point
le nom de la ville où l'impression du *Breviarium* a
eu lieu. Si l'on en croit le père Laire, on pourrait
penser peut-être que cet ouvrage a été imprimé à
Venise (1), mais une autorité non moins respectable, qui est d'ailleurs plus récente, et qui sous
ce rapport doit être beaucoup mieux renseignée
sur ce point, M. Brunet, dont l'excellent manuel
est le livre le plus classique qui existe sur la matière, n'hésite point à déclarer qu'il croit que le
traité *De rerum proprietatibus Bartholomœi Anglici*
(de Glanville), également sorti des presses des
mêmes typographes en 1480, et que le premier
bibliographe cite à l'appui de son opinion, a été
réellement imprimé à Lyon et non à Venise, ce
qui résulterait évidemment de la seule inspection
de plusieurs autres ouvrages imprimés par eux
dans la même ville, qui y serait nommément désignée, soit à la même époque, soit antérieure-
ment (2). Il faut donc convenir de l'erreur du

---

(1) Voyez Index librorum ab inventâ typographiâ ad annum 1500, tom. II, pages 29 et 445, au mot *Venetiœ*, mentionné dans la 3e table, comprenant les noms de villes et de
lieux.

(2) Dans la série chronologique des imprimeurs de Lyon,

père Laire, et reconnaître que le *Breviarium* de
Jean Lefèvre, qui est de la même époque, a aussi
été imprimé à Lyon (1).

Faber, Fabre, ou Lefèvre (Jean), connu au
barreau sous le nom de *Joannes Faber*, auteur
du *Breviarium super codice*, a été peut-être le
plus célèbre jurisconsulte du XIII° et du XIV°
siècle ; comme professeur de droit civil et canonique à l'université de Montpellier, il y dicta
en 1323 son fameux commentaire sur les Institutes
de Justinien, qui lui valut plus tard la succession,
mais purement honorifique, de Guillaume de No-
garet, chancelier de France sous Philippe le Bel.

Si l'on en croit Charles Dumoulin, juge fort
compétent, qui n'était pas naturellement flatteur,
et qui le cite souvent à l'appui de ses décisions,
personne de son temps n'était plus que lui versé
dans le droit romain, et on pourrait, sans cesser
d'être juste et vrai, ajouter dans le droit canonique,
témoin le *Breviarium* lui-même, dont le mérite en

commençant en l'année 1474, Nicolas Philippe Pistoris de
Bensheim et Marc Reinhard de Strasbourg sont classés
par Hain au troisième rang, immédiatement après Buyer
et le Roy, tous les deux Lyonnais. Voyez *Repertorium bibliographicum*, etc., tom. **IV**, pag. 533, in-8°, *Stuttgartiæ*,
1826-1838.

(1) Voyez Manuel du libraire, etc., 4° édition, tom **II**,
pag. 414, Paris, 1842-1844, grand in-8°.

ce qui touche le droit civil n'est point assurément inférieur à son célèbre commentaire sur les Institutes, imprimé à Venise en 1488, c'est-à-dire huit ans après, ce qui faisait dire aussi avec raison à Bretonnier, le premier auteur des questions de droit et l'annotateur d'Henrys ; « qu'on trouve dans » ses ouvrages les plus pures maximes de la juris- » prudence française. »

En faisant l'énumération des œuvres de Jean Lefèvre dans l'article qui lui est consacré dans la Biographie universelle (1), un savant bibliographe, M. *Weiss*, se borne à dire qu'on lui attribue aussi le *Breviarium in codicem* (qui n'est autre que le Breviarium super codice), Paris, 1545, et Lyon, 1594, in-4°, ce qui semblerait prouver deux choses, la première que l'auteur de l'article avait quelque doute sur le véritable auteur de l'ouvrage qu'il cite, et la deuxième qu'il ne connaissait point, ou qu'il n'a point vu l'édition de 1480. Cependant, mieux que personne il était en position de pouvoir affirmer que Jean Lefèvre est réellement l'auteur du *Breviarium*, et que les éditions de ce livre qu'il cite n'étaient pas les premières ; mais, par l'effet d'une modestie toujours très-louable en elle-même, sur-

---

(1) Voyez Biographie univ., tom. XIV, pag. 1-2, de la 1re édition, 1811 à 1828.

tout lorsqu'on s'appuie sur une autorité respectable, l'estimable biographe a mieux aimé s'en rapporter aveuglément à l'article de Jean Lefèvre,
inséré par les pères Richard et Giraud dans le
Dictionnaire universel des sciences ecclésiastiques,
et n'a fait que le reproduire textuellement dans la
Biographie dont il est un des principaux rédac-
teurs (1).

Pour être définitivement fixé sur ces deux points,
la vue seule du *Breviarium* suffit, et c'est avec
d'autant plus de raison qu'on attribue ce livre
à Jean Lefèvre, que le titre du livre même le lui
donne; que tout autre que lui ne pouvait de son
temps en faire un semblable, et qu'enfin on ne
peut généralement attribuer un ouvrage quelconque, sauf quelques rares exceptions, qui ne peuvent recevoir ici leur application, qu'à celui dont le
nom figure en tête de ce même ouvrage, surtout
s'il s'agit comme dans l'espèce d'un livre imprimé
en 1480.

Ce qui rend encore la chose plus démonstrative
et plus palpable, s'il est possible, ce sont les souscriptions qui se voient, l'une à la fin des commentaires des Institutes, qu'on n'a jamais assurément
contestés à Jean Lefèvre :

(1) Voyez *Dictionnaire univ. des sciences ecclésiastiques*,
Paris, 1760, tom. II, in-folio, pag. 668.

« Famosissimi utriusque jurisconsulti Johannis
» Runcini dicti Fabri gallici super libro institutio-
» num commentarii finiunt. »

L'auteur, comme on le sait, mort en 1340, était
né à Roussines dans l'Angoumois vers la fin du
XIIIᵉ siècle.

Et l'autre à la fin du *Breviarium*, ainsi qu'on l'a
déjà rapportée plus haut :

« Famosissimi utriusque juris doctoris domini
» Johannis Fabri Breviarium perutile super co-
» dice, etc., etc., finit feliciter. »

Souscriptions qui, évidemment, ne peuvent
convenir et se rapporter qu'au même personnage,
surtout si l'on fait attention que ce jurisconsulte
très-fameux a précédé Barthole et Balde, et que
dans la série des jurisconsultes de cette époque
reculée, on n'en a jamais compté, ni vu figurer
aucun, qualifié si pompeusement et portant le nom
et le prénom de Jean Faber.

On ne manquera pas sans doute de demander
pourquoi, dans la souscription des commentaires
sur les Institutes, se trouve après le nom de *Fabri*
la qualification de *gallici* qui n'existe point dans
celle du *Breviarium*? C'est que les commentaires
ont été imprimés en pays étranger, à Venise, et
qu'il ne doit pas en être de même du *Breviarium*,
qui l'a été en France, et on peut l'affirmer, à Lyon,
dès qu'il est une fois bien démontré que Nicolas

Pistoris de Bensheim et Marc Reinhard de Strasboug, son associé, se sont établis en cette ville ; on peut ajouter même qu'ici l'absence du mot *gallici* est une preuve de plus qui vient corroborer le sentiment de M. Brunet et de l'amateur, émis précédemment contre celui du père Laire.

N'eût-il pas été en effet fort ridicule, pour ne rien dire de plus, d'ajouter au bas d'un livre imprimé en France et à la suite du nom de Faber, si connu dans ce pays, la qualité de français ou *gallicus?*

Aussi, chaque fois qu'un auteur de cette nation imprimait ou faisait imprimer, à cette époque, quelque livre en pays étranger, mettait-on à la suite de son nom gallicus ou gallici, suivant que ce nom était au nominatif ou au génitif; témoin, 1° le *Breviarium romanum* (livre de liturgie) Johannis Fabri et Johanninus de Petro, gallici, *Taurini*, 1474, in-8°, édition regardée généralement comme la première impression de ce livre faite à Turin par des Français (1); 2° le même ouvrage, *in membranis* (en vélin), in-fol., Venetiis, 1478, impressor vero Nicolaus Jenson *gallicus*, hac nostra tempestate impressorum princeps (2).

---

(1) Voyez Brunet, Manuel du libraire, tom. I, pag. 456, 4e édition.

(2) Voyez Brienne-Laire, tom. I, pag. 437, in-8°, *Senonis*, 1791.

Lorsque le savant et judicieux Domat, avec lequel Jean Lefèvre a plus d'un rapport, publia pour la première fois, de 1689 à 1697, *Les Lois civiles dans leur ordre naturel*, en 5 volumes in-4°, sa modestie, assez ordinaire aux écrivains de Port-Royal, ne lui permit pas de mettre son nom à cette édition de son ouvrage; aussi fut-il attribué à un M. de Launai, dont le mérite était assurément fort au-dessous d'une telle production; ce qui n'eût pas empêché cependant cette fausse attribution de prendre assez de consistance et de crédit pour faire dépouiller son véritable auteur, au profit de celui qu'elle désignait, si, dans les éditions subséquentes de cet excellent livre, Domat n'avait enfin consenti à faire cesser cette *anonymie*, si toutefois ce mot nouveau est digne d'entrer dans le vocabulaire. Ainsi, à la honte de l'espèce humaine, sans une résolution qui coûta tant à son caractère et malgré les protestations, en sa faveur, des juges les plus éclairés et les plus capables d'apprécier sa science et son talent, on eût vu les esprits médiocres, toujours infiniment plus nombreux et naturellement ennemis et jaloux de tout genre de mérite et de supériorité, sacrifier impitoyablement, au pédagogue obscur et vaniteux, le pieux, le modeste Domat, une des plus éclatantes lumières du grand siècle!!!

Mais aussitôt qu'eut paru la première édition in-folio de 1702 portant le nom de son auteur, il n'y eut plus qu'une seule voix pour le reconnaître, et nul depuis ne s'est avisé de donner cet ouvrage, soit à de Launai, soit à tout autre.

Les bibliographes spéciaux, collecteurs de livres de droit et de jurisprudence, pour la plupart ne disent rien, ne donnent que des renseignements incomplets et fort insuffisants sur la personne et les œuvres de Jean Lefèvre, ou ne citent que les éditions de son *Breviarium*, signalées par les pères Richard et Giraud et en dernier lieu par M. *Weiss*, dans la Biographie universelle, ainsi qu'on l'a dit plus haut (1).

Parmi les principaux de ceux qui se sont occupés plus particulièrement de la spécialité des incunables, ou des éditions des premiers temps de l'im-

---

(1) Voyez *Ziletti*, 1579, in-4°. — *Lipenius*, 1757-1789, 3 vol. in-folio. — *De Beughem*, 1668, in-12. — *Fontana*, 1688-1694, 5 vol. in-folio. — *Denis-Simon*, 1695, 2 vol. in-1 '. — *Beyer*, 1726 1758, in-8°. — *Struve*, Bibliotheca juris, etc., 1758, 2 vol. in-8°. — *Fleury*, Institution au droit ecclésiastique, publiée par Boucher d'Argis, suivie d'une bibliothèque de droit canonique, composée d'environ 800 articles, Paris, 1771, 2 vol. in-12. — *Camus*, Bibliothèque choisie de droit, comprenant environ 3000 articles et formant le 2ᵉ vol. des lettres sur la profession d'avocat, Paris, 1818 et 1832, 2 vol. in-8°. Dans cette dernière édition, qui est la 5ᵉ, M. *Warée* a refait entièrement la Bibliothèque choisie, en la purgeant des

primerie, Hain, le dernier, le plus récent et conséquemment le plus complet de tous, est le seul
qui cite, dans son utile et vaste répertoire, le Breviarium de Jean Lefèvre, sous les n°ˢ 6845-6846,
tome II, page 347. De ces deux éditions, une seule
est datée, c'est celle de Lyon, du mois de novembre 1480 et la même qui fait l'objet de la notice ; quant à l'autre, elle est de Louvain et sortie
des presses de Jean de Westphalie, qui, comme on
sait, a exercé son art dans cette ville depuis 1473
jusqu'en 1496, ayant, dans cet intervalle de vingt-
trois ans, publié près de cent-vingt éditions différentes ; en sorte que celle dont il est question
pourrait fort bien n'avoir paru que postérieurement
à la première, et ce qui pourrait peut-être fournir
les éléments nécessaires pour la solution de cette
question bibliographique de priorité de date, ce se-

---

fautes et des erreurs échappées à *Camus*, et que M. *Dupin
aîné* avait laissées subsister dans celle de 1818, en y ajoutant
les siennes.

Ces deux dernières éditions ne sont point mentionnées à
l'article *Camus*, dans la réimpression qui se fait actuellement
de la Biographie universelle, qui regarde encore celle de 1805,
en 2 vol. in-12, comme la meilleure et la plus complète. Cet
ouvrage capital, il faut le dire, destiné à servir de guide aux
ignorants, comme aux savants eux-mêmes, aurait grand besoin d'être soumis à une sévère révision, du moins quant à la
partie bibliographique de tous ses premiers volumes.

rait l'emploi tout à fait insolite jusqu'alors que le célèbre typographe aurait fait, dans son édition, de l'astérisque comme distinctif du texte du *Codex*, d'avec le commentaire de Jean Lefèvre, circonstance qui ne se rencontre point dans celle de Nicolas Pistoris de Benssheym (1).

Que conclure de ce silence presque universel des bibliographes sur l'édition d'un livre qui, tout aussi bien et même mieux que beaucoup d'autres, méritait et pour la forme et pour le fond de figurer avec honneur dans les nombreuses nomenclatures de livres destinées à recueillir jusqu'aux moindres

---

(1) Voyez *Maittaire*, 1719-1789, 10 vol. in-4°, y compris le supplément de Michel-Denis. — *Panzer*, *Annales typographici*, 1793-1803, 11 vol. in-4°. — Brienne-Laire, 1791, 2 vol. in-8°. — *La Serna Santander*, Catal. 5 vol. in-8° et Bibliothèque choisie du XV° siècle, 3 vol. in-8°, 1805-1807. — *Dibdin*, Bibliotheca spenceriana, Londres, 1814-1815, 4 vol. in-8°. — Repertorium bibliographicum in quo libri omnes ab arte inventa usque ad annum MD typis expressi, ordine alphabetico enumerantur vel adcuratius recensentur. *Stuttgartiæ*, 1826-1838, 4 vol. in-8°.

Ce dernier ouvrage, qui devait tout comprendre dans son immense étendue, ainsi que l'indique assez son titre, est cependant bien loin d'être aussi complet qu'on pourrait le désirer, quoiqu'il comprenne 16,299 articles et qu'il soit d'ailleurs fort supérieur, à beaucoup d'égards, à tous les autres de ce genre.

traces des productions de l'art typographique au
XV° siècle? sinon que cette édition leur a été tout
à fait inconnue, car s'il en était autrement, ils
n'auraient pas manqué sans doute de la citer pré-
férablement à celles de 1545 et de 1594, qu'ils n'ont
pas oublié de signaler, quoique imprimées dans le
siècle suivant, et dès lors ne peut-on pas, sans trop
de témérité, considérer l'édition de 1480 comme
la première, ou l'édition princeps, avec date, du
Breviarium.

Ce livre, a-t-on dit, ne méritait sous aucun rapport, soit pour la forme, soit pour le fond, le dédain des hommes de la science, s'ils l'eussent
connu.

Pour la forme, l'œil seul est appelé à en juger;
beaux caractères, beau papier, belles marges,
lettres initiales peintes en couleur, au nombre de
plus de 5,800 et d'une exécution généralement très-
soignée, ce volume, in-folio de moyenne grandeur,
réunit toutes les conditions matérielles qu'on peut
désirer de trouver dans un livre publié dès les premières années de la découverte de l'imprimerie.

Pour le fond, un pareil dédain serait encore
moins fondé, car on ne saurait récuser le témoignage de l'histoire et celui, non moins respectable,
des jurisconsultes les plus habiles dans la science
du droit, qui tous rendent un hommage aussi
sincère qu'éclatant au savoir et au génie de cet

homme qui, comme on l'a dit précédemment, a
plus d'un rapport avec le célèbre Domat, et qui
peut-être pourrait être considéré comme lui étant
supérieur, si la célébrité se mesurait toujours sur
les obstacles et les difficultés aplanis et vaincus
pour l'acquérir.

Tout le monde sait que ce ne fut qu'après un laps
de plusieurs siècles que la jurisprudence romaine
parvint à ce degré de perfection auquel elle est arrivée ; tant de traités séparés dont elle était composée, écrits par des personnes ou dans des vues
différentes, n'étaient point rédigés en un seul corps
et dans leur suite naturelle, ni rassemblés dans
l'ordre qu'ils auraient dû avoir pour former une
véritable science qui eût pour objet tous les besoins
de la société ; tel fut le principal défaut de la compilation de Justinien. De là il arrive que, quoique
l'on y trouve les maximes fondamentales de l'équité
soit naturelle, soit civile, elles y sont presque toujours hors de leur place et sans aucun rapport entre
elles, il n'y a pas une suite exacte de règles et de
définitions, on les trouve souvent dans des titres
auxquels elles n'appartiennent point ; ce n'est qu'un
amas confus et sans liaison ; il y a d'ailleurs des
répétitions et inutilités sans fin. Personne, avant
Jean Lefèvre, n'avait entrepris de débrouiller ce
véritable chaos, de dégager les principes de l'obscurité qui les enveloppe et de bien ranger dans leur

esprit ce qui est dérangé dans le droit romain.
Personne aussi n'y réussit aussi bien que l'auteur
du *Breviarium super codice*, devenu de son temps,
et même encore fort longtemps après lui, le vade-
mecum, le véritable manuel de tous les hommes,
. qui, soit par goût, soit par devoir, se livraient à
l'étude des lois romaines, que cet ouvrage, le seul
de ce genre qui existât alors, leur rendit plus facile et plus commode, en les faisant entrer dans
leur esprit avec moins de confusion. Ce livre fut
réellement le premier qui les mit sur la voie de la
science du droit : « Car ce sont les règles placées
» dans leur rang qui constituent une véritable
» science, et elles diffèrent des règles mal digérées
» ou mal assorties, comme un tas confus de maté-
» riaux diffère d'un édifice où on les a employés
» dans une juste symétrie. »

En publiant les lois civiles dans leur ordre naturel, Domat ne rendit pas assurément un moindre
service à la société qui ne craignit pas, dès leur apparition, de le proclamer le Restaurateur de la raison dans la jurisprudence ; mais pour composer un
tel ouvrage, l'auteur avait à sa disposition bien des
ressources qui manquaient absolument à Jean
Lefèvre, lorsque celui-ci entreprit, à lui seul et
sans aucun appui, de faire sortir le sien du chaos,
jusque-là inextricable, des lois romaines.

On ignore assez généralement tout ce que Domat

2

a dû à la science et, on peut le dire, à l'amitié de d'Aguesseau, qui, quoique fort jeune alors, était déjà cependant avocat général au parlement de Paris; ce dernier, qui ne retirait pas de moindres avantages de sa liaison avec un des hommes les plus judicieux et les plus capables de l'époque, possédait déjà cette magnifique collection de livres qui l'avait mis à même d'étudier et de connaître profondément ces jurisconsultes du moyen âge, ces vrais conservateurs d'une science qu'on les a si injustement accusés d'avoir obscurcie, et qui cependant voyaient accourir à leurs savantes leçons les jeunes gens les plus distingués de toutes les parties de l'Europe.

C'est dans ce dépôt si riche (1) de toutes les connaissances humaines que Domat venait, comme

---

(1) Sa vente, et sa dispersion qui a eu lieu en 1785, et non en 1784, ainsi que l'assure, par erreur, la Biographie univ., tom. LVI, pag. 103, à la note, est venue confirmer cette triste vérité pour les collecteurs de livres: que rarement, une grande bibliothèque existe longtemps dans une famille; c'est d'ailleurs l'effet presque toujours naturel de la diversité des goûts, quelquefois de la position de fortune, le plus souvent de l'ignorance et de l'étroitesse d'esprit; ces deux dernières caractérisaient éminemment le dernier rejeton du célèbre chancelier de France, le marquis d'Aguesseau, qui porta avec si peu d'honneur le grand nom dont il avait hérité, et dont il était si peu digne, sous le rapport du mérite et du talent s'entend, car

à la source la plus féconde et la plus pure, puiser,
ainsi que dans les conseils de son illustre patron,
de précieux matériaux pour son immortel ouvrage,
qui, en ayant égard à la différence des temps, et

---

du reste on convient généralement qu'il était un fort honnête
homme, et surtout, bienfaisant.

C'est par lui que tous ces trésors, toutes ces richesses littéraires, amassés pendant si longtemps, avec tant de soins, de
peine et de dépense, furent misérablement dispersés ! ! !

Un bibliographe distingué, *Née de La Rochelle*, qui a fait le
catalogue si intéressant de cette vaste et précieuse collection,
laquelle n'offre pas moins de 5,583 articles, dont 1,043 seulement pour le droit et la jurisprudence, indépendamment des
ouvrages doubles et des éditions multipliées d'un même auteur, disait, avec raison, que c'était une bibliothèque universelle.

L'auteur de cette notice possède un exemplaire de ce catalogue, relié par le célèbre *Derome*, et en tête duquel on voit une
lettre autographe de ce grand magistrat, dont le mérite, le talent et la réputation semblent s'élever et grandir chaque jour,
en proportion du nombre de ses successeurs, lettre datée de
son château de Fresnes, le 4 décembre 1784, par laquelle il demande à l'abbé Veissières, son secrétaire, d'être abonné à un
journal historique, qui s'imprimait alors à Londres. Des notes
aussi nombreuses qu'intéressantes et étendues et autographes
de l'abbé Rive, successivement bibliothécaire du duc de La
Vallière et de la ville d'Aix, enrichissent également cet exemplaire, où le fameux bibliognoste, ainsi qu'on l'appelait, a aussi
indiqué en marge le prix de vente de chaque article et les noms
des acquéreurs ; ce qui fait de ce catalogue un livre tout à fait

aux progrès de la civilisation, devait être aussi supérieur au *Breviarium* de Jean Lefèvre, que celui-ci l'était, en effet, lui-même, à tout ce qui existait avant l'époque où il parut ; et peut-être, la même considération pourrait-elle porter à reconnaître, et à convenir également, qu'il était bien plus difficile de composer, sous le règne désastreux de Philippe de Valois, un livre tel que le *Breviarium super codice*, qu'il ne l'était de coordonner et de produire les *Lois civiles dans leur ordre naturel*, dans le grand siècle de Louis XIV.

En résumé, il a été suffisamment démontré :

1° Que le véritable auteur du *Breviarium super codice* est le même que celui qui a composé les savants commentaires sur les Institutes de Justinien, imprimés à Venise en 1488, c'est-à-dire Jean Lefèvre, de Roussines, dans l'Angoumois ;

2° Que l'édition de 1480 du *Breviarium*, sorti des presses de Nicolas Pistoris, de Bensheim, et de Marc Reinhard, de Strasbourg, son associé, a été imprimée à Lyon et non à Venise ;

3° Que cette impression est la première ou l'édition *princeps* avec date de cet ouvrage.

à part et fort curieux, pour un véritable amateur, même parmi ceux du même genre existant dans le même cabinet et composant la précieuse collection, qui comprend plus de 75,000 articles, la plupart illustrés par ce docte et laborieux annotateur.

II.

FASCICULUS TEMPORUM

DE

WERNER ROLEWINCK.

Ce volume, imprimé à longues lignes, en beaux caractères gothiques mixtes ronds, à peu près semblables à ceux du *Breviarium super codice*, offre également un grand nombre d'abréviations qui en rendent la lecture pénible à ceux qui n'en auraient pas la clef; les lettres initiales sont toutes typographiées et précédées d'un signe de plus forte dimension, en forme de fer à cheval, vers le milieu duquel est un trait perpendiculaire, ce qui le fait ressembler assez à un D renversé dont les extrémités seraient prolongées à droite.

Les deux premiers et les deux derniers feuillets

faisant de chaque côté partie de la même feuille ,
qui est une maculature d'un autre ouvrage, puisque les caractères qui y sont empreints n'offrent
aucun rapport, au moins quant à la dimension, avec
ceux du livre, ont les pontuseaux perpendiculai-
res, et pour filigrane un vase en forme d'aiguière
semblable à celle qui est représentée sous le n° 60
de la deuxième planche du cinquième volume du
catalogue de *La Serna-Santander*, que ce savant bibliographe attribue aux papeteries de Louvain, et
dont Conrad Braën et Jean Weldemer, célèbres
imprimeurs de cette ville, auraient fait usage pour
leurs impressions (1).

Mais on ne peut en rien conclure pour les autres
feuillets du *Fasciculus*, auquel ces deux feuilles
sont tout à fait étrangères, ayant été employées
par le relieur uniquement pour fortifier et rendre
plus solide sa reliure en bois, en collant fortement l'une et l'autre de chaque côté sur sa partie
intérieure.

Les autres feuillets sont en tout au nombre de
quatre-vingt-treize, dont quatre-vingt-sept chiffrés
et les six autres non chiffrés, comprennent le titre
et la table : réunis, ils forment un ensemble de

---

(1) Voyez Supplément au catalogue des livres de la bibliothèque de *La Serna-Santander*, Bruxelles, 1803, in-8°, pag. 5,
et la figure 60 de la planche II.

douze cahiers, à grandes marges, sans registre ni réclame, de quatre feuilles chacune, excepté le premier et le dernier qui n'en ont que trois.

Les signatures sont de Aiij à miij.

La table par ordre alphabétique qui est en tête du livre est à trois colonnes et comprend cinq feuillets ; on voit à la fin la marque de l'imprimeur *Mathias Husz*, le neuvième dans l'ordre chronologique exerçant l'art typographique à Lyon, suivant *Hain* (1).

Le prologue à longues lignes, qui la suit immédiatement, commence ainsi : *eneratio et generatio laudabit opera tua*, etc., etc.

Comme on le voit, la lettre initiale du premier mot *generatio* manque, mais c'est du reste la seule exception de ce genre que présente le volume.

Sur les quatre-vingt-treize feuillets dont il se compose, soixante-deux n'offrent, à l'instar du papier vélin, aucune trace de pontuseaux ni de vergeures, mais les autres trente et un ont tous des pontuseaux horizontaux à la distance les uns les autres de 15 lignes ou 33 millimètres, qui déterminent d'une manière certaine le véritable format du livre, qui dès lors doit être considéré comme un grand in-4°, ce qui détruit absolument l'assertion

---

(1) Voyez *Repertorium bibliographicum*, etc., etc., tome **IV**, in-8°, pag. 533.

de l'ancien archiviste du royaume, feu M. Daunou, qui prétend que toutes les éditions du *Fasciculus temporum* sont de format in-folio (1).

Le volume renferme une grande quantité de gravures sur bois, au simple trait, qui révèlent tout. à fait l'enfance de l'art ; quelques-unes sont reproduites jusqu'à trois fois, principalement celles qui représentent les villes capitales, de telle sorte que la gravure qui offre la destruction de Sodome et de Gomorrhe, sert en même temps pour la ruine de Troie et de Babylone, et celle qui représente la ville d'Athènes, est destinée tout à la fois à représenter les villes de Lyon et de Constantinople. Une infinité de cercles concentriques, grands et petits, remplissent le livre d'un bout à l'autre et sont destinés à renfermer les noms de tous les personnages historiques depuis Adam jusqu'à Charles VIII, roi de France, qui termine l'ouvrage, où ce prince *affable et courtois* est représenté comme un autre *Judas Machabée*.

Parfois, d'effroyables comètes et des monstres, tels qu'on n'en vit peut-être jamais de semblables, viennent, les unes avec leur queue démesurée et leur immense chevelure, interrompre tout à coup le récit du candide chroniqueur ; et les autres, par leurs

---

(1) Voyez la biographie universelle, article *Rolewinck*, tome XXXVIII, pag. 471.

formes bizarres et fantastiques, occuper une place qui aurait été bien mieux remplie par des faits moins étonnants, mais aussi plus vraisemblables.

Une chose digne de remarque, c'est qu'on n'y trouve point, sous l'année 1084, l'histoire de la résurrection du chanoine Raymond Diocre, qu'on dit avoir occasionné la conversion de saint Bruno.

Feu M. Daunou dit l'avoir vue rapportée dans une édition latine du *Fasciculus temporum*, sous l'étrange qualification d'*horribile miraculum ;* mais il faut convenir, si la chose est vraie, que Rolewinck fut séduit et induit à erreur par la confiance que devaient naturellement lui inspirer, comme à beaucoup d'autres, d'un côté la chronique de saint Bertin, et de l'autre la grande réputation de savoir, de sagesse et de vertu, dont jouissait à juste titre le docteur évangélique et très-chrétien, le chancelier de l'université de Paris, l'auteur présumé de l'Imitation de Jésus-Christ, Jean Gerson ; enfin les deux seules autorités qui, suivant l'opinion générale, avaient pu accréditer un tel prodige, mais seulement plusieurs siècles après l'événement, dont aucun auteur contemporain n'avait parlé, ni même n'avait dû parler ; car si l'on fait bien attention que saint Bruno lui-même, dans l'une des deux lettres qui nous restent de lui, fait connaître à un de ses amis, Raoul Levert, prévôt de Reims, les véritables, les seuls motifs de sa

conversion, puisés, dit-il, « dans les réflexions
» profondes qui lui avaient été inspirées par la vue
» de tous les maux de l'Église de cette ville, que dé-
» solait alors le simoniaque Manassès, et par les
» dangers multipliés qu'on court inévitablement
» dans le siècle (1), » on sera bien convaincu, et il
n'est pas douteux, que ce fait prodigieux est réellement controuvé, ce qui fait tomber à plat, depuis
le jésuite Jean Columbi et le célèbre docteur Jean
de Launoy (2) jusqu'à Daunou et Tabaraud, des
milliers de volumes élaborés à grands frais d'es-

----

(1) Voyez Histoire de l'ordre des Chartreux, par Jacques
Corbin, Paris, 1659, in-4°, et les pères Richard et Giraud,
Dictionnaire universel des sciences ecclésiastiques, tome I,
pag. 768-769, in-folio, Paris, 1760.

(2) Ce nom de *Launoy* a donné lieu, de la part de M. Quérard, à une bévue d'autant plus singulière, qu'il avait, pour
ainsi dire, sous la main, tous les éléments nécessaires pour
l'éviter.

En citant ce fameux docteur de Sorbonne, dans sa France
littéraire, tome IV, pag. 617; le docte bibliographe dit :

« Ce savant profond et judicieux, l'un des hommes qui ont
» fait le plus d'honneur à l'ancienne société de Sorbonne, est
» auteur d'un grand nombre d'ouvrages latins sur des matières
» de théologie et d'histoire ecclésiastique, tous remplis d'éru-
» dition et publiés dans le courant du XVIIᵉ siècle; on en trouve
» la liste dans l'excellent article que M. La Bouderie lui a con-
» sacré dans la Biographie universelle. Nous nous bornerons
» à indiquer la collection qui en a été publiée par l'abbé Gra-

prit et d'érudition, les uns pour en soutenir, les autres pour en contester l'authenticité.

L'absence de ce récit dans notre édition, fait supposer avec raison que Rolewinck, s'il avait réellement mentionné dans son livre, l'*horrible miracle*, pour nous servir des propres expressions de son biographe, qui n'a pas pris même la peine de citer celle où elles seraient consignées dans une autre langue, ne tarda point à reconnaître son er-

---

» net, à Genève, 1731-32 et 1733 ; 5 tomes en 10 volumes » in-folio. »

Trouvant, apparemment, que Jean de Launoy avait de la science et du savoir pour deux, il a cru ne pouvoir mieux faire que de dédoubler ce personnage, pour en former un nouveau docteur, vrai Sosie littéraire, auquel il assigne une place dans son excellent Répertoire, tome II , page 444, à la fin de la première colonne, et qui n'est pas moins fécond que le premier Jean de Launoy, puisque ses œuvres, publiées non par l'abbé Granet, mais par l'abbé Grenet, aussi en 1731, forment également dix gros volumes in-folio.

Heureusement qu'un pareil dédoublement devient plus difficile pour les docteurs, voire même des quatre facultés, à mesure qu'on a à s'occuper d'une époque plus rapprochée, puisque, généralement parlant, ils ne sauraient offrir pour cette opération ni la même qualité, ni la même quantité d'étoffe dont était si bien pourvu celui que de son temps, on appela , non sans raison , *le Dénicheur de saints*, dont presque tous les ouvrages sont à l'index à Rome, et qui plaît tant à M. Quérard.

reur et la supposition de cet événement extraordinaire, puisqu'il n'a pas voulu qu'on le rappelât
dans une édition antérieure de six années à l'é-
poque de sa mort, arrivée en 1502.

Mais ce fait est rapporté, de la part de cet auteur, de manière à faire croire qu'il n'a pas lu lui-
même, ou qu'il a mal lu le récit suivant, tel qu'il
a été donné par ses premiers auteurs, et tel qu'il
est généralement connu.

« Raymond Diocre, chanoine de Notre-Dame de
» Paris, était mort en odeur de sainteté l'an 1084;
» son corps ayant été apporté dans le chœur de son
» église, il leva la tête hors du cercueil à ces mots
» de la quatrième leçon de l'office des morts :
» *Responde mihi*, etc., etc., et cria tout haut par
» trois différentes fois : *Justo Dei judicio accusatus*
» *sum;... judicatus sum... condemnatus sum.* »

Or, voici comment s'exprime M. Daunou dans
le même article :

« A l'égard des âges postérieurs à l'ère vulgaire,
» Rolewinck abrége les chroniques et les légendes,
» et en extrait de préférence les faits qui sont le
» moins attestés; c'est ainsi que sous l'année 1084
» il ne manque pas de rapporter l'apparition mira-
» culeuse d'un chanoine de Paris, mort depuis
» quelque temps, etc.

Tout le monde comprend fort bien qu'une apparition ou vision signifie la présence d'une âme

ou d'un esprit devenu sensible, mais toujours en l'absence réelle du corps auquel cette âme ou cet esprit appartient ; ici, tout au contraire, le corps présent est palpable et visible quoique privé de vie, et si tout à coup, par l'effet de la toute-puissance de Dieu, le même corps anéanti et couché dans le cercueil, se redresse et reprend la parole, ce n'est plus une apparition. c'est une véritable résurrection (1). Au reste, la même inexactitude est échappée à un des collaborateurs de Daunou à la Biographie universelle, au père Tabaraud, qui se sert des mêmes expressions pour rappeler cet événement supposé (2).

Qui ne croirait, d'après cela, que dans l'esprit de l'habile critique, le *Fasciculus temporum* n'est bon tout au plus qu'à être livré aux flammes ? Mais qu'on se détrompe, le même se charge d'être le

(1) Voyez Brunonis Carthusianorum patriarchæ sanctissimi opera et vita, Parisiis, *Jod. Badiusascensius*, 1524, in-folio. C'est dans cette rare édition que l'on a représenté, par de petites figures en bois, l'histoire du chanoine Diocre.

Quoique cette anecdote soit contestée, elle est consacrée par des monuments ; la peinture s'en est emparée, et le célèbre *Lesueur* en a tiré parti dans sa belle galerie de Saint-Bruno, voyez le *Dictionnaire infernal* par Collin de Plancy, 3ᵉ édit., orthodoxe. Paris, 1844, 1 vol. grand in-8, au mot *Chapelle du damné*, p. 129.

(2) Voyez Biographie universelle, tome **VI**, pag. 125, article de saint **Bruno**.

panégyriste impartial du pieux et modeste chartreux, après en avoir été l'amer détracteur ; car
que peut-on dire de plus d'un historien pour le
discréditer à jamais que de l'accuser de rapporter
de préférence et sciemment les faits qui sont le
moins attestés, ou en d'autres termes, de se faire
un jeu de se moquer du public ?

« Il ne s'ensuit pas (c'est M. Daunou qui parle),
» que le *Fasciculus temporum* ne mérite aujour-
» d'hui aucune attention, car il faut songer que de
» 1474 à 1532, il a servi de manuel historique à
» une multitude de lecteurs ; peu de livres élémen-
» taires ont obtenu autant de vogue, et il n'en est
» point qui puisse mieux nous apprendre quel était,
» durant ces quarante-huit ans, l'état des connais-
» sances ou des notions d'histoire et de chronologie
» en Allemagne, dans les Pays-Bas et en France.

» A partir de l'an 1200, les principaux faits de
» l'histoire germanique sont assez bien retracés
» dans le *Fasciculus* qui, relativement à cette ma-
» tière, ne serait pas toujours inutile à consulter :
» l'auteur s'était d'abord arrêté à l'année 1471 ;
» il a depuis ajouté à son livre quelques pages qui
» l'ont fait aboutir à 1484. »

Voilà donc une complète réhabilitation du livre
de Rolewinck, qui fut à peu près pour son temps,
au dire de M. Daunou, ce que l'*Art de vérifier les
dates* a été pour nous, depuis le milieu du XVIIIᵉ

siècle jusqu'à ce jour, et dont il n'est réellement séparé que par un intervalle de vingt-quatre ans, puisque malgré l'apparition des chroniques de *Mé-lanchthon* et de *Sleïdan,* il a été encore réimprimé en 1726 pour être inséré dans la troisième édition de la collection des historiens d'Allemagne de *Pistorius,* publiée par les soins de *Struve,* et que plus récemment encore, le savant M. *OEttinger* l'a cité avec honneur dans ses excellentes Archives historiques sous les n°ˢ 235 et 334 (1).

Sous l'année 1457, feuillet 89, au verso, après avoir mentionné un horrible tremblement de terre qui fit périr à Naples quarante mille personnes (2),

(1) Voyez *Archives historiques,* contenant une classification de 17,000 ouvrages, pour servir à l'étude de l'histoire de tous les siècles et de toutes les nations, par *E. M. OEttinger,* Carlsruhe, 1841, grand in-8°.

(2) C'est ce même tremblement de terre qui a été célébré par un poëte du XVᵉ siècle, Antoine d'Astézan, partisan zélé du roi Réné, et qui attribue, en grande partie, ce désastre à l'usurpation d'Alphonse V.

L'article de ce poëte, inséré par Ginguéné dans la Biographie universelle, est fort incomplet : on n'y trouve point mentionné le nouveau manuscrit original de ses œuvres, découvert par M. Berriat-Saint-Prix, dans la bibliothèque de Grenoble, vers 1800, et qu'il devait connaître, puisque cette découverte est annoncée dans le Magasin encyclopédique, en 1802, et que l'article en question est de 1811. Dans la nouvelle édition de la Biographie, commencée en 1842, cet article a été

notre édition renferme le fameux passage relatif à
la découverte de l'imprimerie ; en voici le texte :

« Librorum impressionis scientia subtilissima,
» omnibus seculis inaudita, circa hæc tempora re-
» peritur in Maguntiâ; hæc est ars artium, scientia
» scientiarum, etc. »

Ce passage, comme l'on sait, qui était d'abord
très-sommaire dans la première édition de 1874 de
la chronique de Rolewink, a été modifié dans celle
de 1479, aussi de Cologne, par Henri *Wirzburg*,

---

réimprimé, ainsi que beaucoup d'autres, tel qu'il était dans la
première ; cependant les savants, les vrais amateurs, qui veu-
lent aussi marcher avec le siècle, avaient le droit d'attendre de
son estimable éditeur, qui ne doit voir ici qu'un avis tout
bienveillant, autre chose qu'une simple réimpression de cet
ouvrage, si important par son but comme par son objet, qui,
non-seulement, ne répare presque aucune omission, mais qui
vient encore reproduire d'anciennes erreurs, auxquelles il en
ajoute de nouvelles qui n'accusent que trop la précipitation ou
le défaut de soin. Telle est celle-ci, par exemple, parmi beaucoup d'autres que les bornes de cette notice ne permettent
point de signaler : à l'article *Caïus*, fils adoptif d'Auguste, ré-
digé par *Tochon-d'Annecy*, tome VI, pag. 366, 2ᵐᵉ colonne, on lit : « Envoyé en qualité de proconsul en Asie, il
» se mit en route pour faire la guerre à *Phraate*, roi des Par-
» thes, qui était entré en Amérique pour soutenir les pré-
» tentions de *Tigrane*, etc., etc. » On voit bien qu'il faut
Arménie au lieu d'Amérique qui ne se trouve point dans la
1ʳᵉ édition, mais il faut l'avouer, pour être tout à fait innocent, voilà un bien singulier anachronisme.

de *Wach*, religieux de l'ordre de Cluny, qui pour la première fois a désigné la ville de Mayence comme étant le berceau de l'imprimerie, et a ajouté au passage primitif ainsi conçu :

« Artifices mirâ celeritate subtiliores solito fiunt, » et impressores librorum multiplicantur, » les mots suivants : «Ortum suæ artis habentes in Maguntiâ. »

Notre texte est tout à fait conforme à celui de l'édition de 1481, qu'on croit aussi avoir été imprimée à Cologne, et qui est citée par Brienne-Laire dans son *Index librorum* (1).

Dans cette édition, qui est anonyme, la chronologie ne va que jusqu'en 1477, et immédiatement après sa date on lit : « Et anno præcedenti » fuerunt aquarum inundationes maximæ ventus-» que horribiles, multa ædificia subvertentes. »

Ce qui est assez singulier du moins, quant à la date, c'est que les mêmes désastres sont mentionnés avec les mêmes expressions dans notre édition, sous l'année 1481.

Dans cette même édition, il semble d'abord que la chronologie doit se terminer avec l'année 1484, exprimée à la ligne, ainsi que les précédentes, en chiffres romains majuscules; mais si l'on fait bien attention à la page suivante, qui est au recto du

(1) Voyez Brienne-Laire, *Index librorum,* etc., tome II, sub anno 1481, pag. 40-41.

dernier feuillet, on y trouvera une relation som-
maire de la fameuse expédition de Charles VIII
dans le royaume de Naples, qui, commencée en
septembre 1494, fut terminée en octobre de l'année
suivante, et dont le judicieux Philippe de Comines
a pu dire avec tant de raison : « Que ce voyage
» fut conduit de Dieu, tant à l'aller qu'au retour-
» ner, car le chef et les conducteurs ne servirent de
» guères. »

Viennent enfin trois lignes consacrées à la mémoire de *frère Jean Burgois*, de l'ordre de Saint-
François, qui après avoir passé sa vie à opérer une
infinité de conversions et à réformer nombre de
monastères, fut enterré vers ce temps-là (1496),
dans celui qu'il avait fondé à Lyon de ses propres
deniers, et qui est connu dans le pays sous le nom
de monastère neuf de Notre-Dame-des-Anges.

Immédiatement au-dessous se trouve une vignette en forme de parallélogramme rectangle, qui
pourrait bien être une variété de la marque du
typographe, et on lit en caractères gothiques imprimés en blanc sur un fond noir.

Lugduni Mathias Husz. 1496.

Laus Deo.

Ces deux derniers mots étant séparés par un ⚓
surmonté d'une croix haussée.

Les mêmes recherches qui ont été faites pour le *Breviarium in codicem*, ont été renouvelées pour le *Fasciculus temporum*, et plus de dix-huit mille articles tous relatifs aux premières productions de l'imprimerie, ont été soigneusement vérifiés, ce qui approche beaucoup de la totalité de ces productions, dont le nombre est également fixé à peu de chose près à 20,000, de 1450 à 1500, de sorte qu'en portant, terme moyen, à deux le nombre des volumes de chaque ouvrage, et le tirage pour chacun à 300 exemplaires, on aurait, sinon d'une manière rigoureuse, mais du moins fort approximative, la véritable statistique de toutes les productions de l'imprimerie dans la seconde moitié du XVe siècle, ou douze millions de volumes, résultat vraiment prodigieux, si on le compare à celui qu'on aurait obtenu par le moyen seul pratiqué et connu avant la découverte de l'art typographique (1).

---

(1) Pour s'en faire une idée juste, il suffit de se rappeler un fait constant, c'est qu'un exemplaire des canons de Gratien, manuscrit, a exigé, de la part de celui qui l'a copié, un travail continuel de vingt et un mois, en sorte que sur ce pied, et d'après l'expérience qui a appris que quelque serré et bien écrit qu'on veuille supposer un manuscrit ordinaire, on peut le regarder toujours pour le moins comme équivalant au double de l'imprimé correspondant, les douze millions de volumes ci-dessus, qui en vaudraient par conséquent vingt-quatre, ne pourraient

Ainsi, d'après les bibliographes les plus accrédités qui se sont occupés d'une manière spéciale ou générale des éditions du XVe siècle, dans des livres considérés par leur étendue et par leur exactitude comme classiques, ou dans des catalogues qui jouissent d'une réputation non moins méritée sous le rapport du choix des livres, des notes et des renseignements qu'ils renferment sur cette époque si intéressante de l'histoire littéraire, on ne peut réellement citer que trente-quatre éditions différentes du *Fasciculus temporum*, soit en latin, qui est le texte original, soit en français, en allemand et en hollandais et qui sont réparties de la manière suivante, sans y comprendre toutefois la nôtre, qui n'est mentionnée nulle part, pas même dans l'ouvrage le plus récent sur ces éditions incunables, nous voulons dire la curieuse Bibliographie lyonnaise du XVe siècle, par M. Péricaud aîné, Lyon, 2e édition, grand in-8°, 1841 :

être terminés par 12,000 copistes, travaillant continuellement, que dans un espace de 1750 ans, tandis qu'au moyen de l'imprimerie, le même nombre d'hommes pourrait les achever en moins d'un an !!!

Voyez *Peignot*, Manuel du bibliophile, etc., tome I, pages 1, 2, 3, 4 et 38 de la préface, Paris, 1823, 2 vol. in-8° ; et *Adrien Balbi*, Statistique de la bibliothèque de Vienne, etc. Vienne, 1835, 1 vol. grand in-8°, pag. 82.

Imprimées en latin, avec date.

1°	6	à Cologne.	de 1474 à 1480	in-fol.
2°	1	à Louvain.	1476	id.
3°	1	à Spire (1).	1477	id.
4°	5	à Venise.	de 1479 à 1483	id.
5°	1	à Séville.	1480	id.
6°	1	à Memmingen.	1482	id.
7°	1	à Bâle.	1482	id.
8°	2	à Strasbourg.	de 1487 à 1488	id.
9°	1	à Lyon.	1496	in-4°.
10°	2	sans nom de lieu et d'imprimeur.	de 1481 à 1492	in-fol.

21 dont une seule in-4°.

Imprimées en latin, sans date, sans nom de lieu
et d'imprimeur.

1°   4
2°   1 (2)
_____
26

(1) C'est le premier ouvrage, imprimé dans les Pays-Bas, ou l'on trouve des gravures sur bois. Voyez Essai sur l'origine de la gravure en bois, etc., par Jansen, Paris, 1808, tome I, pag. 209, in-8°.

(2) Le père Laire pense que cette dernière édition est la première ou l'édition originale de Cologne, en sorte que celle de *Ther-Hoërnen*, de 1474, ne devrait venir qu'après; il faut convenir que ce savant bibliographe a de fort bonnes raisons à donner pour soutenir cette opinion, si l'on considère, d'un côté, l'addition faite au livre, sous l'année 1473, sans qu'il y soit dit un seul mot, ni avant ni après, de l'origine et de l'époque de la découverte de l'imprimerie, de l'autre, qu'on y voit la marque de l'imprimeur, *Nicolas Gotz de Sletzstat*, qui exerçait à Cologne, et que la chronologie ne s'étend que jusqu'en 1474, ne doit-on pa conclure de toutes ces données, et être même convaincu, que cette édition est de Cologne, qu'elle est sortie des presses de Gotz de Sletzstat, en 1474, et qu'elle est antérieure à celle de Ther-Hoërnen, quoique de la même année?

26 éditions du *Fasciculus temporum* de l'autre part.

3° 1 imprimée vers l'année 1483 à Strasbourg, et la première édition sortie des presses de JEAN GRÜNINGER, suivant Barbier (1), in-fol.

Versions françaises du Fasciculus.

1°	1 (2)	imprimée.	à Lyon.	1483	in-fol.
2°	1	idem.	à Lyon.	1490	id.
3°	1	par Mathias Husz.	à Lyon.	1498	id.
4°	2	imprimées.	à Genève.	1495	id.

Version hollandaise.

1°	1	imprimée.	à Utrecht.	1480	id.

Versions allemandes.

1°	1	imprimée.	à Bâle.	1481	id.
2°	1	idem.	à Strasbourg.	1492	id.

Total. 35 éditions, dont une seule in-4°.

(1) Il est bien surprenant qu'un bibliographe aussi instruit que M Barbier, n'ait cité dans son livre que cette édition de Strasbourg, lorsqu'il est bien reconnu, et qu'il ne pouvait conséquemment ignorer qu'il existe encore d'autres éditions anonymes du *Fasciculus,* entre autres celle de 1481, que les annotateurs du Catalogue de la Vallière, n° 4557, croient, non sans quelque fondement, avoir été imprimée à Cologne. Voyez Dictionnaire des anonymes, n° 11,494 de la première édition, 1806-1809, et le n° 20,419 de la seconde, 1822-1827, aussi en 4 vol. in-8°.

(2) Cette édition française, échappée aux recherches des bibliographes, était à peine connue, il y a vingt cinq ans. M. Brunet est le premier qui l'ait citée dans son excellent Manuel, édition de 1820, tom. II, pag. 9, 2e col., bien que feu M. Daunou ait prétendu dans son article biographique de *Rolewinck,* publié en 1824, qu'elle n'avait jusqu'alors été indiquée nulle part. Voyez Biographie univ., tom. XXXVIII, article *Rolewinck,* pag. 471, 2e col.

Il résulte donc clairement de tout ce qui a été dit ci-dessus :

1° Que le nombre des éditions du *Fasciculus temporum*, connues et imprimées dans le XVe siècle, n'excède pas trente-quatre ;

2° Que par suite, notre édition qui est la trente-cinquième, a échappé jusqu'ici aux investigations des bibliographes ;

3° Qu'elle est la seule dans le format in-4° ;

4° Que cette même édition est la dernière de celles qui ont été publiées en latin dans le XVe siècle ;

5° Que de plus, elle est la première, la seule imprimée en France avec le texte latin, dans le XVe siècle ; ce qui détruit complétement une autre assertion de M. Daunou, qui dans l'article biographique déjà cité, affirme que le texte latin de ce livre n'a été imprimé, en France, qu'au XVIe siècle (1).

_____

(1) Voyez Biographie univ., tom. 38, article *Rolewinck*, pag. 471, 1re col.

III.

DESCRIPTION

DE LA RELIURE EN BOIS

DU BREVIARIUM ET DU FASCICULUS,

ACCOMPAGNÉE D'UNE EXPLICATION COMPLÈTE ET DÉTAILLÉE DE TOUTES LES
GRAVURES QU'ELLE-PRÉSENTE, DANS LEURS DIVERS RAPPORTS
AVEC L'HISTOIRE ET LES PROGRÈS DE L'ART.

Il n'est pas douteux que ces deux curieux volumes n'aient fait partie, pendant fort longtemps, de la bibliothèque, condamnée en 1825, à être mise au pilon par son dernier propriétaire, qui la tenait lui-même du premier dignitaire du chapitre de la cathédrale de Sisteron, lequel l'avait reçue des chanoines Catlagni et de Sigoin du même chapitre.

D'après quelques indications existant sur les premiers et les derniers feuillets de plusieurs des livres qui la composaient, imprimés vers la fin du XVᵉ siècle ou au commencement du suivant, et sortis des presses de Nicolas Pistoris de Bensheim, de Mathias Husz, de Jean Schœffer, des Aldes, des Juntes, de Simon de Colines, de Froben, etc., etc., Antoine de Révilliasc, en aurait été le premier possesseur dès 1530, et, successivement, après sa mort, arrivée douze ans plus tard, elle aurait appartenu à Pierre de Rabaudy de Castronovo et à Joseph de Châteauneuf, dont la famille l'aurait conservée un long espace de temps, depuis 1623 jusqu'au commencement du XVIIIᵉ siècle, pour la transmettre ensuite, du moins en partie, aux deux chanoines qu'on vient de nommer.

Le goût éclairé et bien décidé qu'Antoine de Révilliasc paraît avoir eu pour les bons livres en général, et en particulier pour les premières productions du grand art nouvellement découvert, fait supposer avec raison, que bien avant 1530, il possédait ceux qui, après sa mort, furent vendus et dispersés, ce qui ferait remonter vers les dernières années du XVᵉ siècle, la possession de cet amateur distingué pour ce temps-là, qui se modelant sur la bienveillance et la générosité du célèbre Lyonnais *Jean Grollier*, écrivit aussi comme lui, en tête et quelquefois à la fin de ses trésors littéraires : Ex libris Antoni à Revilliasco et amicorum.

Ce livre m'appartient ainsi qu'à mes amis.

Rien n'établit au moins d'une manière positive

que, de 1486 à 1496, il existât dans les bibliothèques de la ville de Sisteron des livres imprimés,
si ce n'est cependant, ainsi qu'on le démontrera
bientôt, dans celle du palais épiscopal, qui vers
ce temps fut considérablement agrandi et complétement restauré par les soins de son vénérable
pontife Jean Desquenard, ancien médecin du
roi Réné, élu en 1477 et non en 1447, comme
le dit par erreur M. de Villeneuve-Bargemont,
qui de plus a estropié son nom dans la vie de ce
prince (1).

Il est plus que probable qu'au milieu du dés-
ordre, du trouble et des déplacements occasionnés,
d'un côté par des travaux de cette nature, et de
l'autre par la mort de l'évêque titulaire, arrivée
vers 1492, et plus encore peut-être par la mésintelligence que l'élection de son successeur fit écla-
ter parmi les chanoines des chapitres de Sisteron
et de Forcalquier, le *Breviarium* et la *grande Charte*
ou le livre des priviléges, dont sa reliure fait partie,
passèrent de la bibliothèque de l'évêché dans celle
d'Antoine de Révilliasc, ou peut-être encore dans
celle du chapitre ou du prévôt de la cathédrale, ce
qui expliquerait également comment ce précieux

(1) Voyez l'intéressante histoire de René d'Anjou, etc., Toul,
1825, tom. III, pag. 202, in-8°.

volume est parvenu jusqu'à nous, en passant successivement par les mains de plusieurs dignitaires du même corps ecclésiastique, auquel néanmoins il aurait été remis dès l'origine par M. de Révilliasc, qui l'a annoté de sa propre main au bas du deuxième feuillet avec la date de 1535, au-dessus des mots : *nunc Jos. de Sigoin.*

Quant aux *Fasciculus temporum*, la date de son impression qui est de 1496, ne permet pas un moment de penser qu'il ait été détourné du palais de l'évêché en même temps que le *Breviarium*, puisqu'au-dessous de son titre, il ne contient que ces mots : *ex libris Joseph de Sigoin.* Celui-ci le tenait indubitablement du chanoine portant le même nom que lui et dont les auteurs, suivant toutes les apparences, le tenaient eux-mêmes de l'évêché, du chapitre ou du prévôt, ou plus problablement encore des héritiers ou successeurs d'Antoine de Révilliasc.

Un fait incontestable est celui de l'existence, au palais de l'évêché de Sisteron, depuis l'année 1443, du livre gravé sur bois, se composant de trente planches in-folio, dont Réné d'Anjou avait fait présent à Raymond Talon, son protégé, et qui a servi non-seulement à relier le *Breviarium* et le *Fasciculus*, mais encore d'autres ouvrages de la même époque, puisqu'à côté de ceux-ci, lorsqu'ils furent soustraits au pilon, il s'en trouvait encore beaucoup d'autres qui ne furent abandonnés que parce qu'ils n'étaient pas complets.

Abandon à jamais regrettable, depuis qu'en voulant réparer le *Breviarium* et le *Fasciculus*, un hasard singulier à fait découvrir à leur propriétaire actuel, sous la peau, le parchemin et le papier, qui originairement avaient été collés intérieurement sur les planches de bois de hêtre, leur servant de reliure et qui commençaient à s'en détacher, des pages entières d'écriture, un portrait, des armoiries et divers ornements accompagnés de légendes, gravés en relief, ayant la hauteur d'une forte carte à jouer, ou plutôt brodés sur bois, au moyen d'un procédé jusqu'à ce jour inouï.

Un autre fait, non moins constant, c'est que par l'effet du déplacement causé par les circonstances qu'on vient de rapporter, la *grande charte* ou le livre des priviléges, le *Breviarium* et le *Fasciculus*, se trouvèrent réunis, au moins momentanément, dans le même local, soit dans la chambre dite capitulaire, soit chez le prévôt ou ailleurs; or, comme le livre des priviléges provenait indubitablement de la bibliothèque de l'évêché, et que d'un autre côté il n'existait alors dans aucune autre bibliothèque de la ville aucun livre imprimé, il est par cela même bien démontré que le *Breviarium* et le *Fasciculus* avait fait partie du même dépôt ou de la même bibliothèque.

Mais il est peu vraisemblable que le premier de ces deux volumes ait été relié comme il l'est aujourd'hui, pendant l'épiscopat de Jean Desquenard, qui, étant le protégé, ainsi que Raymond Talon, du roi Réné, à qui ils devaient l'un et l'autre leur élévation, était autant par devoir que par reconnaissance, dans la stricte obligation de veiller soigneusement à la garde, comme à la conservation du trésor qui lui était confié.

En sorte que ce ne serait que dans l'intervalle écoulé depuis 1492, époque de sa mort, jusqu'en l'année 1499, que le livre des Priviléges a été morcelé et détruit pour servir de reliure aux livres dont on craignait apparemment la détérioration, et cette destruction dut trouver deux puissants auxiliaires, l'un dans les troubles et les divisions que durent nécessairement produire les démêlés que Thibaud de Latour eut avec les chanoines de Forcalquier et son compétiteur à l'épiscopat, Claude d'Aussonville, moine de Saint-Victor de Marseille, lequel avait comme lui reçu ses provisions pour l'évêché de Sisteron ; l'autre dans l'ignorance profonde des relieurs de ce temps-là, et qui était telle, suivant le témoignage d'Étienne Pasquier, qu'en 1492, la chambre des comptes, en recevant un relieur de livres et de comptes, lui fit jurer qu'il ne savait ni lire ni écrire, afin qu'il ne pût découvrir les secrets de la chambre.

Ce qui est pleinement confirmé par la reliure
même du *Breviarium*, dont la première partie
contenant la première page est dans le sens du
livre, tandis que l'autre est placée dans un sens
tout à fait contraire ou du haut en bas, disposition qui n'a pu avoir nécessairement lieu que de la
part de quelqu'un qui ne savait pas lire, et qui
trouvant sous sa main la *grande charte*, qui ne présentait à ses yeux qu'une réunion de planchettes
ordinaires, a trouvé beaucoup plus commode de
les employer à un usage qui remplissait son but,
plutôt que d'en chercher ou d'en préparer d'autres,
et c'est ainsi que très-vraisemblalement la destruction de ce livre, aussi curieux par la forme qu'intéressant pour le fond, aura été à jamais consommée!

Cet acte de vandalisme et d'ignorance se serait
donc opéré, et le *Breviarium* et le *Fasciculus* auraient été reliés, comme l'étaient alors ordinairement tous les livres, dans l'intervalle de 1492 au
mois de juillet 1499, époque de la mort de Thibaud
de Latour.

Cette date nous met dans le cas de relever une
grave erreur chronologique, échappée sans doute
par inadvertance au célèbre polygraphe M. Gencé,
dans la *Biographie universelle* (1).

---

(1) Voyez Biographie univ., tom. XVII, pag. 226, article
de *Jean Gerson*.

En parlant du successeur de Thibaud de Latour,
Laurent Bureau, aumônier et successivement con-
fesseur de Charles VIII et de Louis XII ; ce savant
dit : « Qu'il méritait une mention dans cet ou-
» vrage et que son mérite le fit évêque de Sisteron
» en 1494. »

Or, on vient de voir que Thibaud de Latour est
mort en juillet 1499, et d'un autre côté, il n'est
pas moins constant que l'élection de Laurent Bureau ne fut faite que le 11 du même mois de cette
année ; d'où il suit que l'auteur de l'article s'est
trompé de cinq ans, ce qui est beaucoup assurément pour une époque aussi rapprochée.

Ce dernier évêque de Sisteron, mort à Blois,
le 5 juillet 1504, fit rédiger, comme on le sait,
toutes les chartes de son église, en un volume
appelé le *Livre Vert*, à cause de la couleur de sa
couverture ; il n'est pas hors de vraisemblance que
pendant son épiscopat il ait eu connaissance de la
disparition ou destruction du livre gravé sur bois,
donné par Réné d'Anjou à un de ses prédécesseurs,
et en admettant cette supposition, qui dès lors serait bien loin d'être chimérique, ne pourrait-on
pas, sans témérité et sans trop s'écarter de la vérité,
penser que, pour réparer autant qu'il dépendait de
lui une semblable perte, il prit la détermination de
former ce recueil qui pouvait peut-être, jusqu'à
un certain point, en tenir lieu ou le remplacer, et

qui malheureusement a éprouvé le même sort.

Une chose qui paraît certaine, c'est qu'une pareille résolution n'a pu être dictée et déterminée que par le besoin vivement senti d'avoir comme sous la main une compilation de cette nature pour pouvoir se diriger dans l'examen et la solution des diverses questions canoniques ou civiles que devait fréquemment soulever l'administration de son diocèse.

Or, on serait tenté de croire, en prenant en considération cette circonstance, que par l'effet de la disparition de la *grande Charte* en bois ou livre des priviléges, qui était commun au clergé et aux habitants de Sisteron, *clero et civibus urbis Sistarici*, et qui devait nécessairement renfermer tous les éléments propres à résoudre ces mêmes questions, l'autorité ecclésiastique s'est tout à coup trouvée sans guide et sans boussole et comme au milieu des plus épaisses ténèbres ; de là l'induction naturelle que la *grande Charte* devait avoir été utilement et fréquemment consultée dans les divers cas qui se présentaient avant le funeste événement qui la fit disparaître.

Les reliures du *Breviarium* et du *Fasciculus* sont garnies de fermoirs en peau, terminés par des plaques ou lames de laiton, ayant à leur extrémité une espèce de bourrelet en forme de crochet, le tout fixé de chaque côté par de petits clous de même métal. Le premier volume, qui dans sa

partie extérieure est recouvert en cuir, tirant sur
le rouge, n'en a qu'un, ainsi que le second, mais
il en a eu deux autres dont on aperçoit encore l'empreinte sur chaque côté de la reliure.

Le fermoir du *Fasciculus* présente, gravée en
creux sur une de ses lames, une fleur de lis surmontée d'une couronne, à chaque côté de laquelle
est une étoile et au-dessous deux oiseaux et une
fleur ; sur l'autre lame on voit cinq mouchetures
gravées de la même manière.

La hauteur du *Breviarium* est de 11 pouces sur
8 de largeur.

Le *Fasciculus* a 9 pouces 4 lignes de haut sur
6 pouces 4 lignes de large.

En sorte qu'il a fallu, pour pouvoir adapter les
planches de la *grande Charte* au format de ce dernier volume, que le relieur les diminuât de 1 pouce
8 lignes sur la largeur et d'autant sur la hauteur
dans la partie inférieure, en supposant toutefois
que ces mêmes planches ne fussent point dès l'o-
rigine d'une plus grande dimension que le format
du *Breviarium*.

Les quatre planches formant ces deux reliures
sont numérotées et chiffrées (1) dans leur partie

(1) Le premier usage connu des chiffres, dans les livres imprimés, est de l'année 1471 ; sa constatation résulte du rarissime
liber de remediis utriusque fortunæ, d'Adrien le chartreux,

supérieure, de telle sorte qu'on lit sur la première du *Fasciculus* en lettres capitales gothiques gravées en creux, *tabula I*, sur la deuxième *tabula XXX*, sur la première du *Breviarium*, *tabula II*, et sur la deuxième *tabula XXIX*.

L'ordre des numéros doit nous conduire naturellement à nous occuper d'abord des gravures du *Fasciculus*, sur la première planche duquel on voit un portrait au simple trait dans un médaillon de 4 pouces 6 lignes de diamètre autour duquel on lit les mots :

« *Renatus Dei graciâ Iherusalem et Sicilie Rex et cetera.* »

écrits en lettres capitales latines ; au-dessous du portrait de Réné on lit également écrits en minuscules gothiques les mots :

Fidelis Regis effigies est ista Renati
Amico suo Raymundo epo sistarici.

Au-dessous du dernier mot est figurée une crosse et plus bas se trouve une signature qui paraît être le *fac-simile* de celle de Réné.

Coloniæ, *Arnoldus Ther-Höernen*, 1471, in-4°. Ces chiffres sont arabes et non romains, comme ceux de la *grande Charte*, qui leur sont antérieurs de vingt-huit ans. Voyez Mémoire sur l'origine et le premier usage des signatures et des chiffres, dans l'art typographique, par de *La Serna-Santander*, Bruxell. 1795, in-8°, pag. 27-28.

Sur la deuxième planche on trouve un autre
médaillon de même dimension que le premier, au
milieu duquel est un écu chargé des armes de Hongrie, de Sicile, de Jérusalem, d'Aragon, d'Anjou
et de Bar, ayant dans le milieu les armes de Lorraine ; la légende autour est :

Adjuva nos Deus salutaris noster.

Au-dessous du médaillon est une espèce debande
ou de fleuron recourbé vers le milieu et à ses
extrémités, dans lequel sont écrits en capitales
latines, comme ceux de la légende, les mots :

Fides servata ditat.

Plus bas est une signature dont le paraphe est
absolument le même que celui qui accompagne la
première, ce qui ne permet pas de douter que ce
ne soit encore une signature de Réné, mais celle-ci
diffère de l'autre en ce qu'elle occupe plus d'espace
en longueur et qu'elle renferme un plus grand
nombre de lettres entrelacées et plus grêles.

Sur la première planche du *Breviarium*, oùest
la première page d'écriture tracée à longues lignes,
au nombre de vingt-deux et en belles lettres capitales gothiques, on lit :

« Charta magna sive liber de omnibus privilegiis
» et immunitatibus cleri ac civium urbis Sistarici,
» ab imperatore Honorio usque ad Renatum, Dei

» graciâ Iherusalem, Sicilie Regem et comitèm Pro-
» vincie et cetera.

» Hoc opus ex triginta tabulis ligneis composi-
» tum et *per artem mirificam* impressum (1), Aquis
» Sextiis curâ ac diligentiâ Petri de Mediolano, ex
» dono Renati supra dicti ad Raymundum Talonem
» episcopum, Sistaricensem, amicum suum per-
» venit, anno domini millesimo quadringentesimo
» quadragesimo tertio, quinta die junii. »

Au bas on voit une signature conforme à celle
que présente la planche première du *Fasciculus.*

Sur la deuxième planche du *Breviarium*, on lit à
la XXIX⁰ page gravée aussi à longues lignes, au
nombre de onze, en caractères conformes à ceux
de la première page de la grande Charte :

« Solà calami exaratione et absque *omni scalpto-*
» *rio*, opus consummatum feciliter à Petro de Me-
» diolano, anno dominice incarnationis millesimo
» quadringentesimo quadragesimo tertio, Kalendas
» martii, indictio VI, epacta XVIII. »

_____

(1) Il est assez surprenant qu'avant la découverte de l'imprimerie le mot *impressum* ait été employé, ce ne serait pas
cependant la première fois qu'il aurait été fait usage de cette
locution, suivant ce qu'atteste le savant auteur de l'Essai sur
l'origine de la gravure en bois, etc., M. Jansen, Paris, 1808,
in-8°, tom. I, pag. 93-94, en citant une requète des cartiers,
présentée le 11 octob. 1441, au sénat de Venise, où le mème
mot se trouve en italien : *carte e figure stampide.*

Au-dessous et à une distance qui pourrait faire croire que le format du livre des priviléges était originairement d'une plus grande dimension que celle que semble d'abord présenter aux yeux le *Breviarium*, on voit :

Une grande vignette ou fleuron en forme de vase dont les bords supérieurs sont formés par une large bande où se trouvent écrits en belles lettres capitales latines et en sens inverse les mots :

« *Illitum atramento infinite me regenerat.* »

et sur le ventre même du vase :

« *Admotio Chartæ.* »

On a dit plus haut que toute l'écriture, le portrait, les armoiries, les vignettes, fleurons et ornements sont gravés en relief d'une manière qui doit produire une sorte d'étonnement, et qu'on ne saurait bien exprimer qu'en la comparant à une véritable broderie sur bois ; c'est bien aussi sous ce point de vue qu'on croit devoir la présenter au lecteur comme étant peut-être la seule qui soit propre à lui en donner une juste idée.

Qu'il imagine donc un de ces canevas ordinaires sur lesquels une brodeuse a tracé, à l'aide d'une aiguille, des figures en relief.

Ici les fibres du bois représentent les fils formant le fond du canevas, qui offre cependant cette différence avec le premier, qu'au lieu d'avoir des fils en travers il n'en a que dans le sens du livre et verticalement aux gravures qu'il contient.

Ainsi, dans le médaillon renfermant le portrait du roi Réné, on peut compter jusqu'à soixante-quinze grandes fibres saillantes dans l'intervalle desquelles il y en a une infinité d'autres qui le sont moins et qu'on peut voir facilement à l'aide d'une bonne vue ou avec une loupe ordinaire.

C'est avec ce tissu si serré, si intact et si délié en même temps, que les traits de la gravure qui domine tout se trouvent liés et comme confondus sans pourtant rien dérober à l'œil de ce que la nature et l'art peuvent tout à la fois lui offrir de piquant ou de remarquable.

A cette vue seule, on reste bien convaincu qu'aucun des nombreux outils et instruments qui sont indispensables pour graver sur bois d'après les procédés connus, n'a été employé et même n'a pu l'être sans briser ou détruire cette sorte d'harmonie existant entre la matière et le produit de l'art.

En un mot, on ne pourrait pas plus concevoir l'existence du portrait de Réné sans les fibres ligneuses avec lesquelles il s'identifie, qu'on ne saurait comprendre celle des figures en relief brodées sur un canevas ou sur une toile dont aurait enlevé tous les fils.

Ce qu'on dit ici du portrait de Réné est entièrement applicable aux pages d'écriture, aux armoiries, vignettes, etc., etc.

Ainsi, la souscription qui est à la fin de la grande Charte, a réellement exprimé une vérité de fait en disant que cet ouvrage avait été fait et terminé heureusement avec une seule plume, sans l'aide d'aucun ciseau ou burin, mais comme il est dit à la première page, par l'application d'un art merveilleux : *Solâ calami exaratione et per artem mirificam.*

Le roi Réné est représenté seulement en buste dans le médaillon dont il vient d'être parlé ; et, chose assez remarquable, l'artiste, qui n'a voulu omettre apparemment aucun détail de la figure de ce prince, n'a pas même oublié une verrue garnie de poils qui est près de son oreille droite, à quoi il se serait conformé fidèlement, plus tard, en gravant de la même manière le portrait de Réné, sur un médaillon d'ivoire qui existait encore à Aix, en 1806, dans le cabinet de M. Saint-Vincens, et dont parle l'abbé Millin qui l'a décrit (1).

Ce prince, vu de profil, est coiffé d'une espèce de bonnet rond ou de barrette repliée d'un côté et offrant vers le milieu quelques broderies ou ornements ; sa figure est pleine et grasse comme dans son portrait de 1437, un des plus anciens connus ;

---

(1) Voyez Voyage dans les départements du midi de la France, tom. II, pag. 231-232.

elle est fort agréable quoique sérieuse, et l'on
pourrait même dire mélancolique ; un léger défaut, qui pourrait bien être la cicatrice d'une bles-
sure reçue à la bataille de Bulgneville, s'aperçoit
sur sa lèvre inférieure sans nuire pourtant à l'ensemble gracieux de ses traits.

Le manteau ou le camail qui le couvre est orné
de broderies, et notamment sur la poitrine d'une
figure ou plutôt d'un trait ayant la forme de la
lettre *S*, majuscule fort prolongée dans sa partie
inférieure.

La légende qui est au bas est la même que celle
qui accompagnait presque toujours l'image de cet
excellent prince, qui a voulu sans doute mettre le
comble à sa faveur envers Raymond Talon, élevé
par lui à l'épiscopat, en ajoutant au don précieux
qu'il lui faisait celui de son portrait. Mais on aura
lieu de remarquer que parmi le grand nombre de
ceux qu'il fit ou qu'il se plut à crayonner lui-même
pour donner, aux personnes qu'il chérissait le plus,
ce gage non équivoque de son affection, on n'en a
vu aucun qui fût suivi ou accompagné de sa signature comme celui qui est en tête de la grande
Charte.

L'écu renfermé dans le second médaillon, et la
légende qui est autour, sont entièrement conformes
à ceux du type ou du revers d'une des monnaies
d'or de Réné, et ont un grand rapport (du moins

quant à l'écu). avec le sceau de ce prince, dont la matrice existe aux Archives du royaume (1).

Les mots : *fides servata ditat* que présente le fleuron qui est en dessous, sembleraient rappeler tout à la fois le dévouement et la fidélité de celui à qui ils sont adressés, ainsi que la reconnaissance du prince qui les aurait récompensés autant qu'il avait dépendu de lui, indépendamment de la vérité morale qu'ils expriment encore en général, en faisant considérer la religion du serment et la foi gardée comme un vrai trésor pour tous ceux qui ne voient de véritable richesse que dans la paix et le témoignage d'une bonne conscience.

La manière extraordinaire avec laquelle l'écriture existant sur les reliures qui font l'objet de cette description y a été imprimée, peut en quelque sorte, autoriser à la considérer comme un

---

(1) Ce type a trois pouces quatre lignes de diamètre, on y lit : *Renatus Dei graciâ Iherusalem Sicilie Aragonum zc et cetera rex ;* le champ est occupé par les différentes armoiries de ce prince ; au centre est l'écusson d'Aragon, flanqué en chef à dextre des armes de Hongrie et à senestre de celles de Jérusalem, surmonté en chef des armes de Naples, accompagné en pointe 1° à dextre des armes d'Anjou, semé de France et bordé ; 2° à senestre des armes du duché de Bar, semé de croix recroisetées au pied fiché, à deux bars ou deux poissons adossés. Voy. *Paléographie de Wailly*, tom. II, pag. 136, grand in-4°, Paris, 1838.

véritable manuscrit sur bois, puisque une seule plume, conduite par la main de son auteur, a suffi pour la tracer telle qu'elle nous a été transmise.

La première partie de ce manuscrit renferme le titre de la « grande Charte, ou livre de tous les privi-
» léges et immunités du clergé et des habitants de
» la ville de Sisteron, depuis l'empereur Honorius
» jusqu'à Réné, roi de Jérusalem, de Sicile, comte
» de Provence, etc. »

Et au-dessous de ce titre, la mention suivante :

« Cet ouvrage composé de trente tables de bois
» et imprimé à Aix, avec un art merveilleux, par
» les soins et à la diligence de Pierre de Milan, a été
» donné par Réné, ci-dessus nommé, à Raymond
» Talon, évêque de Sisteron, son ami, à qui il a été
» remis le 5 juin de l'année 1443. »

On sait combien il fallut de démarches et de négociations au roi Réné auprès du pape Eugène IV, des pères assemblés au concile de Bâle, et même auprès de la république de Gênes, pour les déterminer à entrer dans ses intérêts, après qu'il eut succédé aux droits de Louis III, son frère, et de Jeanne II, sur le royaume de Naples, afin de parvenir à contre-balancer le parti puissant de son compétiteur, Alphonse V, roi d'Aragon, qui ne cessait d'intriguer, pour obtenir sur lui la préférence.

Toutes ces diverses puissances étaient favorablement disposées en sa faveur et tout semblait promettre à ce prince le plus heureux succès dans la prise de possession de cette couronne, lorsque par un concours de circonstances déplorables, Eugène et les prélats du concile de Bâle, dont il était le chef suprême, vinrent à se brouiller.

Ce concile assemblé depuis sept ans, continuait ses séances avec d'autant plus de zèle et de fermeté qu'Eugène IV ne paraissait attentif qu'à chercher les moyens de le dissoudre ou de le transférer dans une ville d'Italie.

Les deux principaux objets de sa convocation étaient la réformation de l'Église dans son chef et dans ses membres, qui n'avait pu se faire à Constance, et la réunion des Grecs à l'Église latine, tentée plusieurs fois depuis trois siècles et toujours sans succès.

Pour éviter la réforme qui devait être funeste à l'autorité de la cour de Rome, Eugène fit jouer tous les ressorts de sa politique; il tenta, par lui-même ou par les légats qui le représentaient à Bâle, tous les expédients qui pouvaient le conduire à ses fins; il essaya de prouver que le concile de Bâle n'était pas convoqué légitimement et en ordonna la dissolution; les pères, de leur côté, en établirent l'autorité sur des preuves incontestables; ils prononcèrent la supériorité des conciles généraux sur les papes, reconnue et prouvée tant de fois depuis l'établissement de l'Église, et en conséquence, après avoir employé inutilement toutes les voies de douceur, le citèrent à comparaître devant eux pour qu'il justifiât sa conduite; loin d'obéir, Eugène confirma par une nouvelle bulle du 23 septembre 1437 la dissolution du concile et le transféra à Ferrare, avec défense de continuer les sessions à Bâle, déclarant nul tout ce qui s'y ferait au mépris de ses ordres.

Réné, qui se préparait à l'expédition de Naples depuis la cessation de sa captivité, obtenue enfin le 11 février 1436, se rendit à Marseille sur la fin de l'année suivante, et comme Alphonse, uni aux ducs de Milan et de Savoie, favorisait les procédures du concile de Bâle contre Eugène IV, ce prince reconnut l'autorité de celui que le pontife venait de convoquer à Ferrare, par ses lettres datées de Marseille le 20 juin 1438 (1).

Il commit, pour y assister en qualité d'ambassadeur, *Mitre*, surnommé *Gastinelly*, évêque de Sisteron ; ces lettres lui donnaient le pouvoir d'assurer le pape de son obéissance filiale, de traiter avec lui

---

(1) Voyez litt. *Renati in od. Rayn.* sub anno 1438, n° 10. Histoire des rois des Deux-Siciles de la maison de France, etc., par d'*Égly*, Paris, 1741, in-12, tom. III, pag. 182-183-184; l'Art de vérifier les dates, 4ᵉ édition, in-8°, Paris, 1818, tom. III, pag. 226-227-228-229.

sur les affaires du royaume de Naples, et de terminer en son nom toutes les négociations, quelque importantes qu'elles fussent, en protestant
d'une entière soumission aux volontés de la cour
de Rome.

Alphonse, trop habile pour ne pas se prévaloir
de cette circonstance, chercha, par tous les moyens
possibles, à envenimer encore les funestes dissenti-
ments qui s'étaient élevés entre les deux premiers
pouvoirs de l'église et qui en virent au point d'ame-
ner la déposition d'Eugène par les pères du concile,
le 22 juin 1439, le jour même où le pape arrêtait à
Florence, avec l'empereur Jean Paléologue, la réunion des deux églises grecque et latine.

On ne peut s'empêcher de reconnaître que ce
pontife, s'il eût fait un bon usage de ses talents,
était fort en état de rendre à l'église une partie de
son ancienne splendeur et il n'y avait pour cela
qu'à laisser faire le concile de Bâle dont les intentions étaient pures et à seconder ses opérations au
lieu de les traverser par une damnable politique.
La réformation tant désirée des gens de bien, se
fût alors effectuée; ce qui eût étouffé les hérésies
naissantes, prévenu celles que les abus, autorisés
par la cour de Rome, ont ensuite occasionnées, et
détruit ainsi jusque dans leur germe ces nouvelles
doctrines d'indépendance et de liberté absolues qui
se fortifiant et se développant par la maladroite ré-

sistance même qu'on leur opposait, ont fini par bouleverser le monde et mis en péril les trônes et tous les gouvernements réguliers, en confondant tous les rangs, en déclassant tous les ordres, sans lesquels aucune société humaine n'est possible et ne saurait par conséquent exister sans être, tour à tour, dévorée par l'anarchie ou déshonorée par le despotisme.

Si ces déplorables discussions entre le chef suprême de l'église et les prélats du concile de Bâle, devinrent si funestes à l'ordre social tout entier, elles ne le furent pas moins aux intérêts du roi René; car sans elles il est fort probable que ce prince aurait reçu d'Eugène IV, pour lequel il s'était compromis auprès des pères du concile, des secours bien plus efficaces dans sa lutte avec le roi d'Aragon que ceux que dans sa nouvelle position il put lui fournir et qu'il lui aurait été possible alors de consolider sur sa tête la couronne de Naples, qui lui échappa.

Pendant qu'il était dans ses nouveaux états où il s'était rendu dès le 9 mai 1438, Alphonse, profitant adroitement de cette mésintelligence, ne perdait aucune occasion d'affaiblir la puissance matérielle et morale de son rival, jusqu'à s'enhardir au point de faire proclamer Ferdinand son fils duc de Calabre, par son envoyé au concile de Bâle.

Il n'eût pas été prudent, de la part de René, de

faire comparaître devant lui, pour réclamer contre une telle usurpation, Mitre Gastinelly, évêque de Sisteron, qui avait encouru sa censure en assistant à celui de Ferrare et qui par suite se vit remplacé, en 1441, par Gaucher de Forcalquier, que parvinrent à faire nommer les partisans du concile de Bâle, substitution qui toutefois ne prévalut qu'un moment, puisque le nouveau roi de Naples eut encore assez de crédit pour le faire transférer à l'évêché de Gap et nommer à sa place Raymond Talon, prévôt de la cathédrale de Forcalquier, le même qu'il qualifie du titre d'ami en tête de la *grande Charte* et dont l'habileté et le vrai dévouement à ses intérêts parvinrent, en protestant énergiquement, à maintenir les prélats du concile de Bâle dans les bonnes dispositions dont ils avaient déjà donné tant de preuves envers son digne maître, malgré toutes les intrigues du roi d'Aragon et de Visconti, duc de Milan, qui se proclamait pompeusement le lieutenant-général du concile.

La conduite du nouvel évêque de Sisteron, dans ces circonstances difficiles, fut à la fois si prudente, si adroite et si habile, qu'elle put seule, à ce qu'il paraît, triompher des obstacles sans cesse renaissants qu'opposaient à ses vues d'aussi redoutables adversaires; de là la reconnaissance bien naturelle de Réné envers Raymond Talon et par suite une confiance entière et mutuelle entre l'un et l'autre qui put, en quelque sorte autoriser le dernier à solliciter ce prince de favoriser, par son *auguste patronage*, la conservation ou plutôt le rétablissement des priviléges de son église qu'avaient inutilement réclamé, depuis 964 jusqu'en 1425, plusieurs de ses prédécesseurs, parmi lesquels on peut nommer Pierre Avogrado, qui avait déjà cherché à intéresser la reine Jeanne Ire en faveur de ses droits, et Robert-du-Four qui considérait la ville de Sisteron comme étant sa propriété, *civitas nostra*, disait-il dans une lettre écrite par lui aux syndics de cette commune.

Une pareille demande ne pouvait sans doute lui être refusée; mais Réné, qui ne voulait pas cependant cesser d'être juste en y obtempérant, crut devoir aussi respecter les immunités, priviléges et libertés de cette ville qu'il avait confirmés dès 1437.

C'est dans cette double disposition qu'il s'occupa à faire rédiger la *grande Charte* sur les mémoires vraisemblablement fournis, d'un côté par Raymond Talon, et de l'autre sur les documents qui lui furent transmis par l'administration municipale de Sisteron elle-même, ou qu'il avait pu se procurer de tout autre manière, agissant sans doute dans cette circonstance, comme il fit en dotant successivement la Provence de ses nombreux statuts tous marqués au coin de la sagesse,

5

de l'amour de la justice et de la connaissance approfondie du droit ; ce qui n'a pas empêché pourtant un grand écrivain de dire assez légèrement, en parlant de ce bon roi, qu'il rédigeait des lois pour les tournois, donnant à entendre par là, que c'était là seulement que se bornaient ses fonctions de législateur (1).

Aussi, afin de prouver son respect vraiment religieux pour les droits acquis des peuples qui lui étaient soumis, s'empressa-t-il, dès 1438, par la première ordonnance qu'il fit promulguer, d'obliger chaque magistrat à jurer le maintien des lois,

───────────────

(1) Voyez, Études historiques de M. de Châteaubriand, tom. IV, pag. 150, édition de Pourrat, grand in-8°, Paris, 1836.

Les lois ou statuts de Réné, parmi lesquels on citera seulement les plus importants, protestent trop hautement contre de pareilles insinuations, pour qu'il soit nécessaire d'ajouter un mot de plus sur son savoir et sur sa capacité, dont, assurément, aurait lieu d'être bien fier le plus habile de nos modernes Solons :

1° Sur les tutelles et curatelles, de 1443 ; 2° sur les donations, de 1472 ; 3° sur les successions, de 1473 ; 4° sur les substitutions, de 1456 ; 5° sur le retrait lignager, la dot ou la donation constituée, de 1460 ; 6° sur la juridiction consulaire et des prud'hommes, de 1477 ; 7° sur les tailles ou impôts, etc., etc., etc.

On voit bien qu'il s'agit ici de tout autre chose que de s'élancer en champ-clos et d'y rompre des lances !

priviléges, immunités et libertés du pays ; serment
qui devait être prêté par eux sur les lieux mêmes
et entre les mains des consuls, désirant par là attacher les juges à leur patrie, et que leurs conci-
toyens les regardassent plus encore comme les ma
gistrats du peuple que comme des juges royaux.

Ce qui naturellement autorise à penser qu'il dut
apporter toute son attention et tous ses soins à la
rédaction de la *grande Charte*, et qu'aucun des
priviléges des habitants de Sisteron ne fut sacrifié
au vif désir qu'il avait de témoigner sa gratitude à
l'évêque de cette ville, pour les services importants
qu'il lui avait rendus auprès des pères du concile de
Bâle. Cet évêque lui avait fait don de ce précieux
recueil dont l'exécution matérielle, par un procédé
tout nouveau, sur du bois de hêtre, qui étant de sa
nature incorruptible, en garantissait la conservation
et la durée, fut confiée à un artiste dont le nom
n'est cité nulle part et qui pourrait bien n'être
qu'un officieux pseudonyme, sous lequel le modeste, l'ingénieux Réné a voulu se cacher ; cela
pourrait être également vrai pour le médaillon en
ivoire dont on a déjà parlé, et qui lui est postérieur
de dix-huit ans ; car il ne serait pas surprenant que
celui qui protégeait et encourageait de toutes les
manières, non-seulement les sciences et les lettres,
mais encore la peinture, la gravure, l'architecture,
l'art de frapper les médailles, la sculpture, etc., etc.,

qui lui-même les cultivait avec succès et leur fit
prendre un essor tel, qu'on a cru pouvoir le considérer comme le précurseur de Léon X et de François Ier, ait pu graver lui-même l'un et l'autre ouvrage : ce fait viendrait aujourd'hui révéler encore tout ce qu'il y avait d'étendue d'esprit, de génie
inventif et artistique chez cet excellent prince, le
plus brave, le plus loyal et le plus éclairé, comme
le plus malheureux de son siècle, auquel on n'a
pas toujours rendu toute la justice qu'il méritait,
et qu'on ne saurait mieux connaître et apprécier
qu'en lisant la lettre que lui écrivit en août 1439
un des doges les plus illustres de Gênes, avec lequel des intérêts politiques et l'amour des beaux-
arts l'avaient lié d'une étroite amitié.

« Si les hommes, dit Thomas de Campofrégose,
prenaient la justice pour règle de leurs actions,
tous les peuples du royaume se seraient soumis
avec respect à votre empire ;... mais comme on est
presque toujours aveugle sur ses propres intérêts,
comme on se laisse trop souvent emporter par les
passions, on préfère quelquefois le joug d'un usurpateur injuste à l'autorité légitime du souverain.
Vous n'avez éprouvé de la part de vos sujets, ni
un soulèvement général, ni une soumission entière. Dans le feu des discordes civiles, il se trouve
des méchants qui osent s'élever contre vous ; mais,
ce qui doit vous consoler, c'est qu'aveuglés par la

prévention ils croient combattre un tyran dans
celui qu'ils adoreraient comme leur roi s'ils le
connaissaient.

» Voyez, au contraire, avec quelle joie et quel
empressement vous avez été reçu par tout ce qu'il
y a de gens vertueux, ils se disputent à l'envi à
qui vous portera sur le trône, il n'est rien qu'ils
ne souffrent pour l'amour de vous, ravages, in-
cendies, siéges, famines, blessures, ils bravent
tout et la mort même.

» Quand je pense à ces efforts généreux, je trouve
que rien n'est plus propre à soutenir ce courage
dont vous avez donné tant de preuves dans la bonne
et la mauvaise fortune, que ce zèle avec lequel,
lors même que vous étiez absent, vos fidèles sujets
ont maintenu une grande partie de votre royaume
sous votre obéissance. Je les félicite de ce qu'ils ne
vont recevoir de vous que des traitements proportionnés à leur dévouement et dignes d'un *aussi*
grand prince que vous l'êtes. L'amour de la gloire,
ce sentiment si naturel aux grandes âmes, vous y
invite sur le trône où vous êtes élevé, où vous fou-
lez aux pieds les amusements frivoles et les plai-
sirs ; la gloire est la seule passion que vous ne vous
soyez pas interdite ; mais vous le savez, elle ne
s'acquiert que par cette fermeté inébranlable qu'on
montre dans les grandes entreprises et les périls.

» La fortune vous a donné des richesses, un grand

pouvoir, des états considérables ; elle vous a mis
de pair par la naissance avec tout ce qu'il y a de
plus grand sur la terre, et si nous voulons calculer
tous les avantages dont elle vous a comblé, nous
verrons qu'il lui reste très-peu de chose à ajouter à
l'éclat qui vous environne, que c'est de votre propre
fonds que vous devez tirer un nouveau lustre.

» Ainsi, ne vous affligez pas si elle change de
face, regardez ses rigueurs comme des occasions
qu'elle vous prépare pour faire briller votre vertu !

» C'est à travers les obstacles et les hasards
qu'Annibal, Fabius, Marcellus et plusieurs de
vos ancêtres sont allés à l'immortalité ! ! !

» Si jamais, comme eux, vous avez des revers à
souffrir, des périls à braver, bénissez votre sort,
estimez-vous heureux de ce qu'avec de la naissance, un grand pouvoir, des états vastes, vous
aurez occasion d'ajouter à ces avantages le lustre
qui vient de la vertu.

» Tant que vous combattrez pour la justice, vous
pourrez compter sur l'assistance de celui qui se
fait appeler *le Dieu des combats*, sur la constance
et la fidélité de vos sujets, sur mon zèle et sur celui de la république dont le gouvernement m'est
confié (1). »

_____

(1) Voyez, Papon, Histoire de Prov., tom. III, pag. 351-352-
353, et biblioth. du Vatican, cod. 5221, pag. 103.

La postérité, ce juge équitable et seul compétent pour prononcer en dernier ressort sur le mérite et la véritable valeur des hommes, a complétement ratifié cette page dictée par la sagesse et
l'amour de la vérité dans un langage noble et élo-
quent dont auraient lieu d'être fiers et même jaloux
les plus superbes monarques, tout en y puisant de
sévères leçons profitables tout à la fois à ceux que
la fortune se plut à combler de toutes ses faveurs,
ainsi qu'à ceux qu'elle accabla comme Réné de ses
rigueurs et de ses disgrâces.

C'est pourtant ce nom, si justement révéré,
qu'un lauréat de l'Institut, qui paraissait mieux que
personne digne d'apprécier et de sentir tout ce qu'il
peut réveiller encore de souvenirs nobles, tou-
chants et généreux, n'a pas craint, dans un ouvrage où il affiche la prétentieuse ambition de re-
faire notre histoire méridionale, de représenter
comme étant l'expression de la bonhomie ridicule,
ne songeant pas sans doute qu'une telle épithète, à
la place même qu'elle occupe, ne pouvait convenir
qu'au portrait de ce prince, qu'il a tracé en vrai
style de goguette, emprunté au satirique Chevrier,
comparé avec tant de raison par les meilleurs critiques à un de ses insectes éphémères qui piquent
un moment et ne vivent qu'un jour (1).

_____

(1) Mais comment ce prince loyal et bienfaisant, le modèle

La *grande Charte* donnée à Raymond Talon, indépendamment de ses droits et de ceux de son Église,
ne pouvait comprendre et mentionner d'autres priviléges et immunités de la ville de Sisteron, que
ceux énoncés dans les divers actes de reconnaissance des années 1212, 1257, 1352, 1386 et 1419,
souscrits par Guillaume de Sabran, usurpateur

---

de toutes les vertus publiques et privées, ne serait-il point,
aux yeux de son rigide censeur, le type de la bonhomie ridicule, lorsque Belzunce, ce digne prélat, ce vrai modèle des
pasteurs, que l'univers entier, dans son admiration, a pro-
clamé le saint, l'héroïque évêque de Marseille, n'a pas pu
même trouver grace devant lui? le plus sublime des dévoue-
ments, pourra-t-on le croire? ne lui a valu, de sa part, que
quelques paroles froidement goguenardes qui ont plus l'air de
s'appliquer à un baladin, qu'au vénérable pontife, qui chaque
jour, pendant plus de quatre mois, exposa plus de mille fois sa
vie sur les cadavres et les tombeaux de ceux qu'il appelait *ses
enfants* et que son admirable charité avait tous secourus, sans
pouvoir les sauver !

« L'évêque, dit-il, s'agitait de son côté avec tout le zèle ar-
» dent et bruyant de ses amis ; le jour de la Toussaint, il célé-
» brait une messe solennelle, en plein air, sur le Cours, et à
» l'exemple de saint Charles Borromée dont il s'était montré
» le minutieux imitateur, pendant toute la contagion ; il se
» faisait ensuite le *bouc émissaire* des péchés de la ville et mar-
» chait pieds nus, la corde au cou et la croix entre les bras,
» la consacrant au sacré cœur de Jésus ; quinze jours plus tard
» on le voyait apparaître, tout à coup, au haut du clocher

du comté de Forcalquier, Charles Ier d'Anjou, Jeanne Ire, Marie et Yolande, reines de Naples et de Sicile.

Quant à Guillaume de Sabran, son usurpation au préjudice de *Raymond Bérenger*, comte de Provence, le mettait presque dans la nécessité de se montrer bienveillant et même généreux envers les

---

» des Accoules pour montrer le saint-sacrement et exorciser » la peste. »

Quelle est donc cette nouvelle école historique qui croit ne pouvoir s'élever qu'en rabaissant toutes les gloires, même les plus pures ! ne dirait-on pas que le venin délétère du philosophisme a passé par là ? aussi un officieux ami, rédacteur d'un journal haut placé et qui s'effraye des progrès du christianisme, ne dit-il pas, en parlant de cette œuvre, qu'il appelle œuvre nationale destinée à concourir cette année pour le *prix Gobert,* qu'elle lui paraît digne de la faveur du public sérieux, et de toute l'attention de l'Académie. Nous pensons, nous, qu'elle n'est pas moins digne de celle de tous les vrais Provençaux, qu'on ne craint pas de blesser particulièrement, au vif, dans les personnes de Réné et de Belzunce. Au surplus voilà l'Académie bien et dûment avertie ; sur une telle recommandation il ne lui reste plus qu'à préparer et à décerner une couronne. Voyez Histoire politique, religieuse et littéraire du midi de la France, 2e édition, *Paris*, 1843, tom. III, pag. 257 et tom. IV, pag. 280. — Histoire de Lorraine et de Bar, *Bruxelles*, 1758, in-12, tom. III, pag. 20, par Chevrier. Ce livre fit condamner son auteur aux galères. — Histoire de René d'Anjou, tom. II, pag. 310.

habitants de la ville de Sisteron, en confirmant
toutes leurs *libertés* et leurs *priviléges*, sauf à les
leur reprendre s'il se présentait quelque occasion
favorable, et ce qui prouve sans réplique son *ar-
rière-pensée à cet égard*, c'est la disparition de l'original de *sa Charte*, et même de la copie qui en
avait été faite sur le premier feuillet du *livre vert*
de la commune.

  L'époque précise de l'enlèvement de cet acte
important ne saurait être indiquée, mais il est
vraisemblable que ce fut peu de temps après avoir
été accordée par Guillaume, dont les hésitations
n'auraient été vaincues, à ce qu'il paraît, que par
les vives sollicitations de Vincent Pons de Sabran,
alors évêque de Sisteron, probablement son parent, qui dans cette occasion montra une affection
toute paternelle envers une ville dont il était le
premier pasteur, devenant par cette honorable
conduite le digne émule des exemples et des vertus
d'un de ses prédécesseurs, le vénérable Pierre de
Sabran, appartenant comme lui à une des plus nobles comme des plus illustres familles de Provence.

  Il est plus probable qu'il fut fait plusieurs autres copies de cette pièce capitale, et si au commencement du XVIIe siècle sa production devint
nécessaire dans un procès soutenu à Aix par la
communauté, ce ne fut qu'une de ces copies qui
fut alors envoyée, mais non point l'original, qui

étant pour ainsi dire le palladium des libertés de la ville, ne pouvait ni ne devait être déplacé s'il eût alors existé, et ce serait assurément mal juger de la sagesse et de la prudence de nos pères, que de supposer un moment le contraire.

Ainsi, elle ne peut avoir été soustraite que dans l'intervalle qui s'écoula entre le mois de février 1212, et le traité de pacification du 29 juin 1220, époque après laquelle Guillaume de Sabran n'avait plus intérêt à la chose, la ville de Sisteron, comme l'on sait, étant rentrée sous l'autorité des comtes de Provence.

La plupart de ces circonstances, qui n'étaient jusqu'ici appuyées d'aucun monument contemporain et pouvaient offrir ainsi un vaste champ à des conjectures plus ou moins vraisemblables, deviennent aujourd'hui une certitude, depuis la récente découverte d'une pièce de monnaie ou plutôt d'un médaillon d'argent du poids d'environ dix grammes ou cent soixante-quinze grains, qui offre d'un côté la tête très-fruste et d'une exécution grossière et barbare d'un évêque coiffé de sa mitre et autour de laquelle on voit la légende en caractères gothiques :

Uinc pont de Sabrano eps.

A droite est une croix à branches égales :

Au revers une crosse ; au milieu, à gauche, la

lettre *A*, à droite le nombre *IX;* sous la crosse un trait horizontal au-dessous duquel se trouve en deux lignes l'inscription :

AXIVIXV

P.INIII

La légende autour est :

Urbis Sistarici petim conservat.

Ainsi, en réunissant les légendes et l'inscription de cette pièce curieuse, on peut y lire en les traduisant en français :

« Vincent Pons de Sabran , évêque et conserva- » teur des priviléges et des immunités de la ville » de Sisteron , pendant la neuvième année de son » épiscopat et la quatorzième , indiction XV du » pontificat d'Innocent III. »

Ainsi , Vincent Pons de Sabran était évêque de Sisteron depuis neuf ans, c'est-à-dire depuis 1203, lorsque par ses sollicitations il détermina son parent , Guillaume de Sabran , à reconnaître les libertés , priviléges et immunités de cette ville ; or, comme la quatorzième année du pontificat du pape Innocent III sous la quinzième indiction, correspondà l'année 1212, ce serait dans cette même année qu'il aurait souscrit lui-même comme témoin la *Charte* de Guillaume, qui en effet est datée du mois de février de cette année-là ; il ne fallait rien

moins qu'un monument de cette importance pour
constater l'épiscopat de Vincent Pons de Sabran ;
jusqu'à cette époque tous les autres documents ne
renfermant rien de positif à cet égard et qui pût
combler une lacune de dix ans, d'après l'Annuaire
historique de 1845, page 124, et de treize ans suivant Papon.

Le même écrivain, qui est peut-être encore le
meilleur historien de Provence malgré quelques
prétentions rivales, en parlant d'un autre évêque
de Sisteron, Artaud de Mézellan, connu depuis 1382
jusqu'en 1389, dit : « qu'il y a même toute appa-
» rence qu'il siégea jusqu'en 1400, puisqu'on ne
» lui connaît point de successeur avant cette an-
» née-là (1). »

(1) Voyez Histoire générale de Provence, par Papon,
tom. I, pag. 278-279-280, et l'Annuaire historique, publié
par la société de l'Histoire de France, Paris, in-18, pag. 122-
125 ; 1845.
La liste chronologique des évêques de Sisteron et de Gap,
insérée par M. Jules Marion, dans cet annuaire, renferme
quelques erreurs, parmi lesquelles on n'en citera que deux,
qui consistent, la 1re, en ce que Pierre VI, *Avogrado*, y est
nommé *Avogadri*, et la 2e en ce qu'*Artaud de Mezellan*, qui y
est désigné sous le nom d'Artaud ou *Bertrand III de Méhélles*,
est transporté sur le siége de Gap, pour y figurer le 50e, dans
l'ordre numérique de 1380 à 1382, entre Jacques III et
Jean de Saints; quoiqu'il soit bien reconnu qu'Artaud de

En faisant l'application de ce raisonnement à Vincent Pons de Sabran, on aurait bien été autorisé à dire aussi qu'il pouvait avoir siégé jusqu'en 1216, puisqu'on ne lui connaît point de successeur avant Rodolphe II, ou Raoul, élu cette même année ; mais il y avait bien loin de ces conjectures vagues et dénuées de toute espèce de preuve, à la certitude que donne de ce fait la pièce dont il s'agit, non qu'elle établisse que Vincent Pons de Sabran ait siégé jusqu'en 1216, mais bien jusqu'en 1212, date de la *charte* confirmative des priviléges.

On avait lieu de s'étonner que, ni dans la *charte* de François Ier de 1515, où celle de Guillaume de Sabran est insérée, ni dans la *Gallia Christiana*, le nom de l'évêque, qui y figure comme témoin, ne se trouvât point mentionné ; mais l'étonnement cessera, si l'on fait bien attention que, dans l'un comme dans l'autre, ce ne peut être que d'après de simples copies que cet acte y a été relaté, copies où l'on s'était borné à désigner l'une des principales parties contractantes, Guillaume de Sabran, par son prénom de Guillaume et par son titre de comte, *comes*, et Vincent Pons de Sabran par la

---

Mézéllan fut transféré de l'évêché de Grasse, et non de Gap, à celui de Sisteron, le 5 octobre 1382, et de ce dernier siége à l'archevêché d'Arles, en 1404, où il mourut six ans après, c'est-à-dire, en 1410.

lettre initiale de son prénom, Vincent, et par la dignité d'évêque dont il était revêtu, *episcopus*, cette désignation paraissant alors suffisante pour éviter toute espèce d'équivoque, tant sur l'un que sur l'autre personnage; mais il est fort probable que dans la pièce originale leur nom de famille était énoncé en toutes lettres, du moins celui de l'évêque témoin instrumentaire.

Comme Vincent Pons de Sabran avait lieu de se méfier de la loyauté et de la droiture des intentions de Guillaume, il voulut encore le lier par un autre titre qui pût, en quelque sorte, garantir le maintien et l'entière exécution de la *Charte* confirmative des priviléges de son troupeau, et c'est alors qu'il employa de nouveau son ascendant sur l'esprit de l'usurpateur pour obtenir de lui faire frapper avec les insignes de son épiscopat la pièce d'argent qui rappelle ce grand événement pour la ville confiée à sa sollicitude.

Dans cette circonstance, le respectable prélat consulta sans doute, plutôt son zéle éclairé pour les intérêts du pays auquel il sut sacrifier une modestie bien rare dans ce temps-là, qu'il ne céda aux conseils d'une puérile vanité qui portait la plupart des dignitaires ecclésiastiques et des laïcs titrés, tels que les comtes et les barons, à se faire représenter sur leurs monnaies.

En usurpant le comté de Forcalquier, Guillaume

n'avait pas oublié certainement le droit qu'avaient ses prédécesseurs de battre monnaie, surtout Guillaume IV dit le Jeune, dont les deniers et les sols sont connus depuis 1202 sous le nom de deniers et de sols guillelmins (1), et il en usa dans cette circonstance comme l'autorité légitime elle-même en permettant, à l'exemple de quelques autres comtes tels que ceux de Chartres et de Blois, à Vincent Pons de Sabran de faire frapper, soit à Forcalquier soit plutôt à Aix, sa pièce commémorative au coin et au type épiscopal; il semble que sa figure est là pour justifier complétement ce que dit M. *J. Lelewel*, en parlant des pièces des comtes de Rethel « qu'à » cette époque, l'image de la monnaie n'est que » la dépravation d'une tête de face (2). »

Réné, qui était fort versé dans la connaissance du droit romain et de son histoire, voulut sans doute, en donnant sa nouvelle charte des priviléges, faire un travail beaucoup plus complet que tout ce qui existait alors et remonter jusqu'à l'origine des libertés municipales accordées par les empereurs aux soixante-trois villes libres de la Gaule

---

(1) Voyez Papon, Histoire générale de Provence, tom. II, pag. 556.

(2) Voyez Numismatique du moyen âge, considérée sous le rapport du type, par *Joachim Lelewel*, Paris, 1835, in-8°, 2 vol., fig. et cartes, tom. I, pag. 168 à 174.

méridionale, se gouvernant elles-mêmes sous l'autorité nominale du préfet du prétoire, représenté
par un vicaire résidant à Vienne (1).

De ces libertés, a dit un célèbre orateur mo-
derne (2), « qui sont la base de l'état social, le sa-
» lut de tous les jours, la sécurité de tous les foyers,
» le seul moyen possible d'intéresser le peuple en-
» tier au gouvernement et de garantir tous les
» droits. »

Au nombre de ces villes se trouvait celle de Sisteron, désignée dans la notice de l'empire attribuée
à Honorius et faite au plus tard en l'an 407 (3),
sous le nom de *Civitas Segesteriorum* comprise au
sixième rang dans la province Narbonnaise seconde, dont la métropole était *Civitas Aquensium*
la ville d'Aix (4).

En faisant remonter jusqu'à cet empereur la

---

(1) Voyez Récits des temps mérovingiens, etc., par Augustin
Thierry, 2ᵉ édition, Paris, 1842, tom. I, pag. 39-40-41-104-
144-351-353-354.

(2) Mirabeau.

(3) Voyez Histoire des empereurs, par *Lenain de Tillemont*, Paris, 2ᵉ édition, 1720, 6 vol. in-4º, tom. V,
pag. 654-655.

(4) Voyez Dom Bouquet, Recueil des historiens des Gaules,
Paris, 1738-1840, tom. I, in-folio, et *Notitia provinciarum
Honorii* temporibus condita, ex tom. I. Conciliorum Galliæ,
J. Sirmond.

6

séurce des priviléges de la ville de Sisteron, Réné avait probablement en vue la fameuse loi insérée au Code Théodosien (1) et par laquelle ce prince ordonnait :

« Que les chefs du conseil des villes principales
» seraient à l'avenir choisis par tout le corps ou par
» tous les membres de ce même conseil et obligés
» de conserver et de remplir leur charge pendant
» l'espace de cinq ans (2) » ; loi datée par erreur du 7 décembre de l'an 409, et qui fut adressée à *Claudius Postumus Dardanus*, en sa qualité de préfet du prétoire des Gaules, dont il était réellement revêtu dès cette époque, mais d'une manière purement nominale (3); Dardanus était alors préfet des

---

(1) Voyez Cod. Theod., lib. XII, tom. I, leg. 171, pag. 501 ex editione Gothofredi, Lugduni, 1665, in-folio.

(2) Voyez Tillemont, Histoire des empereurs, tom. V, pag. 610. — Histoire de la Gaule sous l'administration romaine, par Amédée Thierry, Paris, 1840, 2 vol. in-8°, tom. I, pag. 39-40-41-42.

M. Brunet, dans la dernière édition de son excellent Manuel du libraire, tom. IV, pag. 466, 2° col. et tom. V, pag. 490, 2° col., sous le n° 23, 185, a, par erreur, attribué ce dernier ouvrage à M. Augustin Thierry.

Voyez Histoire du droit romain, au moyen âge, par Savigny.

(3) Voyez la Chronologie de Godefroy en tête du tom. I du Code Théodosien, pag. 155.

Gaules à peu près comme Louis XVIII était roi de France sous le règne de Napoléon, avec la différence cependant que l'un ne mit jamais les pieds dans son royaume fantastique tant qu'il fut sous l'obéissance et la domination du grand batailleur, tandis que l'autre se retira, à ce qu'il paraît, en attendant des temps meilleurs, dans sa sauvage retraite de *Theopolis*, qu'il avait fait fortifier pour se mettre avec sa famille et les populations voisines à l'abri de l'irruption des Barbares.

Deux graves autorités, le père Papon (1) et feu l'abbé Millin (2), pensaient que cette ville, dont le souvenir se lie si étroitement à celui de l'illustre préfet des Gaules, et dont le nom est tout grec, dut être très-importante, et que cette dénomination de *Ville de Dieu*, qui remonte au temps du paganisme, devait venir probablement de quelque divinité particulièrement adorée dans le pays.

Leur sentiment à cet égard vient d'être pleinement confirmé par la découverte récente, faite sur les lieux mêmes, d'une quantité considérable de pièces de monnaie, ou plutôt de médailles grecques et latines, parmi lesquelles il s'en trouve quatre,

---

(1) Voyez Histoire générale de Provence, tom. I, pag. 94-95-290.

(2) Voyez Voyage dans le Midi de la France, tom. III, pag. 73, in-8°, Paris, 1807.

dont trois constatent, non-seulement son existence, mais encore son origine comme colonie grecque de Marseille.

La principale qui est en bronze fort épais et du plus grand module, présente d'un côté la tète casquée d'un guerrier, au-dessous de laquelle on voit :

ΜΑΚΡΕΟΝΤΙΑΔΕΣ ΦΩΚΙΔ (Créontiade) ,

nom d'un chef phocéen qui ne se trouve mentionné que dans l'ancien historien grec Antiochus (1), et au revers un temple hexastyle dédié à Hercule, et non à Mercure, ainsi que l'avance par erreur M. Mary-Lafon (2), et qui, comme tous les temples affectés au culte de l'idolâtrie, dut être détruit sous Théodose, ou plutôt sous son successeur Honorius, en exécution de la loi datée du 29 janvier de l'an 399, par laquelle ce prince ordonnait de renverser et de briser tous les simulacres du paganisme (3); la légende autour du temple est :

ΘΕΟΠΟΛΙΣ ΜΑΣΣΑΛΙΩΤΩΝ ΑΠΟΙΧΟΣ.

La deuxième pièce en moyen bronze, aussi fort

---

(1) Voyez Fragmenta histor. græc., *Parisiis*, 1841, Didot, grand in-8°, pag. 183, n° 9.

(2) Voyez Histoire politique, religieuse et littéraire du Midi de la France, tom. I, pag. 104.

(3) Voyez Cod. Theod., lib. XII, tit. 10, l. 15, pag. 280,

épais, offre d'un côté une tête avec une chevelure qui semble rappeler l'ancien style de la statuaire grecque, d'après lequel les cheveux sont di-
visés en boucles imitant de véritables perruques.

Devant la figure, sur deux lignes parallèles, on
voit :

ΟΛΡΙΔΟ

ΛΑΚΥΔΩΝ

L'oméga qui figure sur l'une et sur l'autre pièce,
qui paraissent être de la même époque, pourrait
peut-être faire croire qu'elles ont été frappées fort
longtemps après la fondation de Marseille; mais en
premier lieu, la forme carrée de l'omicron annonce la plus haute antiquité; quant à l'oméga,
rien n'est moins certain que le temps assigné par
quelques archéologues à la première apparition de
cette lettre dans l'alphabet grec; les monuments
peuvent seuls décider cette grave question, et sans
recourir à ceux publiés par Fourmont et insérés
dans le Recueil de l'Académie des Inscriptions (1),

---

tom. I. — Tillemont, Histoire des empereurs, tom. V,
pag. 512-513.

Il n'est pas invraisemblable de supposer que Dardanus, qui
avait embrassé le christianisme, fut lui-même chargé d'opérer
la destruction de ce temple païen.

(1) Voyez le tom. XV de ce Recueil, pag. 395, de l'édition
in-4°.

qui font remonter l'emploi de cette voyelle à une
époque antérieure même à la fondation de cette
ville, on peut se borner, pour le moment, à citer
l'inscription placée au-dessous d'un buste de Miltiade dont l'authenticité a été reconnue par le célèbre Visconti, et où on lit : ΚΙΜΩΝΟΣ, fils de
Cimon (1).

Or comme cet illustre guerrier florissait dans le
Vᵉ siècle avant J.-C., et que tout prouve que ce buste
est de la même époque, il faut en conclure nécessairement que l'oméga a pu être employé par les
Phocéens marseillais dès l'origine de leur établissement en Provence.

Sur la partie inférieure du cou de la même figure, on voit aussi MA, et sur le front, d'une manière fort distincte, deux cornes se joignant par le
gros bout, ayant leur pointe en haut, l'une en dehors en avant de la tête, et l'autre au-dessus de la

---

(1) Voyez *Iconographie grecque*, édition in-4°, Paris, 1811,
tom. I, pag. 130 et l'atlas, planche XIII. — Histoire de la
Grèce, par Pouqueville, *Paris*, Didot, 1835, in-8°, pag. 438
et la planche LXXXVII, qui présente sous le n° 5, l'ancien
alphabet grec, tiré de l'inscription sigéenne, gravée au
sixième siècle avant Jésus-Christ, un des monuments pa-
léographiques les plus célèbres, existant aujourd'hui, à Londres, dans la collection de lord Elgin, et où se trouve déjà
l'oméga.

tête elle-même, et si l'opinion de feu M. Mionnet
devait prévaloir, cette tête serait la personnification
du Rhône, dont les deux embouchures seraient
désignées par ces deux cornes, attribut ordinaire
des dieux fleuves, et non, comme l'a dit le premier M. Raoul-Rochette, celle du port de Marseille, appelé par Pomponius Méla *Lacydon* et
Halycidon par Eustathe, à l'exemple, dit-il, des
médailles de Corinthe, sur lesquelles on voit l'isthme
personnifié, et l'inscription *isthmus* qui ne laisse
aucun doute sur l'attribution du type (1).

Au revers, la même pièce offre deux cercles concentriques coupés au milieu en forme de croix par
deux raies ou rayons ; dans le petit, qui a le contour
ellipsoïde et est plus rapproché du centre, on voit
quatre segments creux, dans trois desquels se trouvent isolées les lettres P, I, Δ, le quatrième, sans
lettre, est percé de douze trous semblables à ceux
d'un dé à coudre.

---

(1) Voyez Numismatique de la Gaule Narbonnaise, par
M. de la Saussaye, Blois, 1842, grand in-4°, pag. 60-61.
— Mionnet, Description de médailles grecques, supp. tom. I,
pag. 136, note A. — Raoul-Rochette, Essai sur la Numismatique tarentine, au tom. XIV des Mémoires de l'Académie des inscriptions, pag. 399, note I. — Pomponius
Méla, Paris, 1845, grand in-8°, lib. II, cap. V, pag. 634,
note *B*. — Eustathe, ad Dionys. Perieg., Oxoniæ, 1710,
in-8°, V. 75.

Dans les autres grands segments creux se trouvent deux à deux les lettres ΥΜ, ΠΙ, ΑΔ, un seul toutefois excepté, où l'on voit seulement Λ précédé d'une figure peu marquée, en losange et de forme *rhomboïde*; la troisième pièce, petit bronze assez épais, présente d'un côté la tête casquée fort saillante et expressive d'un jeune guerrier, ou plutôt d'Apollon, au-dessous ΜΜΑΣ, et sur le casque, faiblement marquées les lettres ΜΗ en forme de monogramme.

Au revers, un taureau *cornupète*, ployant le genou et dirigeant une de ses cornes vers la terre comme pour l'entr'ouvrir et en faire éclore des fruits, suivant l'explication de M. de la Saussaye (1), mais bien plutôt un taureau à qui les jambes de devant manquent et qui tombe, suivant Saint-Vincens (2), et nous oserons, nous, ajouter, comme s'il avait été abattu, animal qui est représenté dans cette attitude sur trente-six variétés de médailles connues, attribuées à Marseille.

Au-dessus on lit avec un peu d'attention ΤΑΥΡΟ, la pièce étant très-fruste de ce côté.

Évidemment, ce mot doit se rapporter au type du

---

(1) Voyez Numismatique de la Gaule Narbonnaise, pag. 70-97.

(2) Voyez Papon, Histoire générale de Provence, tom. I, pag. 659. — Mémoire sur les médailles de Marseille.

taureau qui, lui-même, paraît être celui d'une ancienne cité, appelée *Tauroeïs* par le géographe Apollodore, qui la classe parmi les villes celtiques et la met au nombre des colonies de Marseille (1), et *Tauroïs* par Pomponius Méla (2).

L'adoption du type de ces médailles a donné lieu à diverses explications qui, d'après les faits établis, paraissent pour la plupart plus brillantes et spécieuses que solides et satisfaisantes.

Ainsi MM. Millingen et de Witte, et d'autres antiquaires, y voient la personnification du grand fleuve (le Rhône), qui apportait au commerce de Massalie les produits de la Gaule et de la Bretagne;

M. de la Saussaye (3), un symbole du soleil ranimant les forces productives de la nature par son retour dans le signe du taureau ;

Eckel et Saint-Vincens, tout simplement l'enseigne ou le pavillon des vaisseaux phocéens, touchant aux rivages de la Gaule, et l'on va juger si

---

(1) Voyez *Fragmenta Apollodori*, 92 lat. grand in-8°, Paris, 1841, pag. 449-450, n° 105.

(2) Voyez *Pomponius Mela*, lib. II, cap. V, pag. 634, note *P*.

(3) Voyez Numismatique de la Gaule Narbon., pag. 69, et dans la Revue numismatique, année 1840, pag. 397-404, le savant mémoire de M. de Witte, sur le type du taureau, etc., etc.

l'opinion de ces derniers ne doit pas l'emporter
sur celle des autres.

M. de la Saussaye, pour la combattre victorieu-
sement, cite M. de Saint-Vincens, à la remorque
duquel il met le modeste et célèbre Eckel, qui certainement n'avait besoin de personne pour se faire
de lui-même une idée vraie des choses, et pour
l'exprimer avec justesse et netteté, surtout en numismatique ; c'est ce dont tout le monde conviendra
sans peine.

« M. de Saint-Vincens, dit-il, pour expliquer
» l'adoption du type du taureau, rapporte, d'après
» le géographe Apollodore, qu'un vaisseau séparé
» par la tempête de la flotte des Phocéens, fonda-
» teurs de Marseille, fut poussé vers une autre partie
» de la côte, où les navigateurs qu'il portait jetèrent
» les fondements d'une ville à laquelle ils donnè-
» rent le nom de ΤΑΥΡΟΕΙΣ, parce que leur na-
» vire avait pour enseigne un taureau, ταυρος ; il
» en conclut que les autres vaisseaux avaient à leur
» proue la même figure qui devint le symbole
» propre de Massalie et dut, à ce titre, d'être placé
» sur sa monnaie. Voyez Papon, t. I, p. 659 et
» Eckel, Doctrina num. veterum, t. I, p. 69. »

Cette citation n'est point exacte, en ce que M. de
Saint-Vincens ne dit point, dans son Mémoire sur
les médailles de Marseille, auquel renvoie M. de la
Saussaye, que le vaisseau dont parle Apollodore fut

séparé par la tempête de la flotte des Phocéens, et
s'il ne le dit point, c'est qu'il n'a pas dû le dire,
parce que cet ancien géographe, dont on peut vérifier le texte, ne le dit pas lui-même, n'attribuant
point à une tempête la séparation de la flotte de
ceux que le vaisseau portait, mais bien à leur ex-
pulsion de la part des autres Phocéens, qui apparemment avaient lieu d'en être mécontents, *à Pho-
censium classe rejecti*; c'est ainsi que ce passage
doit être interprété, et c'est aussi de cette manière
que l'a fort bien compris l'auteur d'un travail tout
spécial sur la ville de *Tauræntum* (1).

On ne peut pas douter qu'Apollodore n'eût si-
gnalé une tempête qui aurait éloigné les Phocéens
qui abordèrent à *Tauræntum*, de ceux qui prirent
terre à Marseille, si réellement elle avait eu lieu,
et, en pareille occurrence, ne sait-on pas qu'un
historien latin qui vivait sous Tibère et au commencement du Ier siècle de l'ère chrétienne, Vel-
léius Paterculus, en parlant du retour dans leur
patrie des rois grecs après la ruine de Troie, commence ainsi sa narration :

---

(1) Voyez *Fragmenta Apollodori*, Apud. Steph. Byzant.
9? lat., Paris, 1841, grand in-8°, pag. 449-450, n° 105. —
Mémoire sur l'ancienne ville de *Tauræntum*, par Marin, Avignon, 1782, in-12, pag. 54, fig.

« Epeus tempestate distractus à duce suo Nestore,
» Metapontum condidit. »

Épéus, que la tempête sépara de Nestor son chef,
bâtit Métaponte (1)?

Cette circonstance importante nous conduira
naturellement à examiner quel est le vrai motif qui
fait que notre médaille, qui ne peut être attribuée
qu'à *Taurœntum*, présente le *taureau* dans l'attitude
qui lui est commune avec celle du même type des
trente-six autres médailles ou pièces dont on a
déjà parlé, tandis que sur d'autres, également attribuées à Marseille, et les numéros 364, 365, 366,
367 des planches de M. de la Saussaye en offrent
chacun un exemple, le *taureau*, au lieu d'être
abattu et prêt à tomber, comme celui qui, frappé
par le robuste Entelle, est peint dans ce vers admirable du Cygne de Mantoue au moment fatal où
la vie l'abandonne :

« Sternitur exanimisque tremens procumbit humi bos. »

pourquoi, disons-nous, ce taureau est ici fièrement

(1) *Vell. Paterc.*, lib. I, cap. I, pag 75, Avignon, 1768,
grand in-8°.

« M. Walckenaër dans sa Géographie ancienne, comparée
» des Gaules cisalpine et transalpine; tome I, pages 28 et 29,
» s'est trompé, comme M. de la Saussaye dans l'interprétation
» de ce passage d'Apollodore. »

debout, dardant le feu par les narines, comme
ceux dont parle le même poëte : *tauri spirantes na-*
ribus ignem (1) et que sur celle de *Glanum*, autre
colonie massaliote, et qui jusqu'à présent est unique,
le même animal s'élève presque de terre en bondis-
sant, tant il est animé par l'orgueilleux instinct de
son courage et de sa force, contraste frappant avec
le type de *Taurœntum* !

Voilà donc la métropole et ses colonies ayant le
même type sur leur monnaie, ainsi que l'ont pensé
avec juste raison Eckel et Saint-Vincens, bien
qu'ils ne connussent pas encore la médaille de
Glanum, puisqu'elle n'a été trouvée qu'en 1824
par M. le marquis de Lagoy, qui l'a publiée deux
fois ; mais ce type, le taureau dans une attitude
toute différente, l'une qui porte avec elle tous les
caractères de la décadence, de l'abaissement ou
plutôt de la dégradation, celle de *Taurœntum*, et
celle des deux autres, qui au contraire est tout à
la fois le symbole de la plus fière assurance, comme
de la force morale et physique.

La première n'est-elle pas l'effet naturel de la
flétrissure infligée par les Phocéens de Marseille à
ceux de leurs compatriotes devenus coupables à

_____

(1) Voyez Virgil. *Æneid.*, lib. V, vers. 481 et *Georg.*,
lib. II, vers. 140, Parisiis, Barbou, 1754, in-12, pag. 47-185.

leurs yeux par suite de quelque action honteuse ou criminelle, sur la nature de laquelle l'histoire, qui n'a parlé que de châtiment, a gardé le plus profond silence ? et, en cas d'affirmative, ne devrait-on pas regarder la troisième pièce comme destinée à constater que s'il fut permis aux *Tauræntins* de battre monnaie avec le type du taureau, ce ne put être de la part de leur métropole que sous la condition rigoureuse que ce même type serait en même temps un témoignage vivant de sa puissance et de leur indignité, en offrant à la fois l'empreinte de son nom et celle de leur humiliation ?

La chose étant ainsi, ne conviendrait-il pas d'attribuer à *Tauræntium* toutes les pièces ayant le même type, et non à Marseille, ainsi qu'on l'a fait jusqu'à présent ? Mais alors que deviendraient les explications données sur cette attribution, soit par Eckel et Saint-Vincens eux-mêmes, soit par MM. Millingen, de Witte, de la Saussaye, etc., etc. ? Car si le taureau était l'enseigne, le type des Phocéens, avant leur arrivée en Provence ; il ne saurait être la personnification du Rhône, de même qu'on ne pourrait le considérer, en ployant le genou et en dirigeant une de ses cornes vers la terre, comme voulant l'entr'ouvrir pour en faire éclore des fruits, si cette attitude n'était que l'effet d'une punition infligée de la part des chefs phocéens à ceux d'entre eux qui auraient flétri leur pavillon.

On comprendra facilement que ce n'est point
dans les limites étroites d'une simple notice que
de semblables questions peuvent être traitées con-
venablement ; aussi son auteur renverra-t-il à la
partie de la numismatique formant la quatrième
et la dernière du premier volume de la *Description
raisonnée du cabinet d'un amateur*, d'où a été extrait
tout ce qui la compose. Là, ces questions, ainsi
que beaucoup d'autres qui se rattachent à la même
matière, seront, autant que possible, approfondies,
et recevront des développements proportionnés à
leur importance, ainsi qu'à la haute réputation de
science et d'habileté dont jouissent à juste titre
les savants qu'on vient de nommer.

Si la première médaille établit clairement l'existence et l'origine de la ville de *Théopolis* comme
colonie phocéenne de Marseille , on le voit, ce n'est
que par induction que les deux autres , Apolloh-
Rhodanus, ou Lacydon et le taureau tombant de
Tauroentum constatent l'une et l'autre ; mais cette
induction n'équivaut-elle point à la preuve la plus
directe, puisque faisant, avec la première, partie
du même dépôt, et ayant été trouvées dans le
même lieu et dans le même temps , elles établis-
sent d'une manière irréfragable les rapports, les
relations qui existaient entre les *Tauroentins* , les
Massaliotes et les *Théopolitains*, de qui ces derniers les tenaient incontestablement ?

Une quatrième médaille, aussi en bronze, à peu près de la grandeur et de la grosseur de la première précédemment décrite et trouvée en même temps non loin de *Théopolis*, nous apprend qu'en l'an *XIX* (correspondant à 413) du règne de l'empereur Honorius, et avec sa permission, elle a été frappée en son honneur, comme étant le restaurateur du municipe de *Segestero*, villes des *Voconces*.

Au-dessous de l'inscription on voit le monogramme du Christ au milieu du mot *SEGOB*, scindé en deux parties, *SEG* d'un côté et *OB* de l'autre, si toutefois ces deux syllabes ou ces cinq lettres concourent toutes à la formation d'un seul mot.

La suite de l'inscription, qui est sur le côté opposé, rappelle le nom de *Dardanus*, « qui aurait » été deux fois, *iterùm*, préfet du prétoire des » Gaules, à cause de sa fidélité envers son excel- » lent prince, et à qui la ville de *Segestero*, sa pa- » trie, témoigne sa reconnaissance pour l'avoir » sauvée. »

Au-dessous on voit la contre-marque *PRO*, qui ne laisse aucun doute sur l'authenticité de la pièce.

Aussi, quatre choses capitales pour le pays et pour l'histoire sont constatées par ce curieux monument :

1° La promotion de *Dardanus*, pour la deuxième

fois, aux éminentes fonctions de préfet du prétoire des Gaules (1).

2° et 3° le lieu de sa naissance, qui serait la ville de *Segestero*, comprise dans le pays des *Voconces*.

4° L'époque précise de l'établissement du christianisme à *Segestero* ou *Sisteron* (2).

Ces circonstances nous fournissent une nouvelle occasion de rendre hommage à la pénétration ainsi qu'à la sagacité du père Papon, aux yeux de qui deux de ces faits ne paraissaient point douteux, pensant que Dardanus était natif de Provence, et que le christianisme datait à Sisteron d'une époque bien plus ancienne que celle où vivait son premier évêque connu, *Chrysaphius*, qui siégeait en 451 (3).

Quand on a dit que c'est par erreur que la loi d'Honorius adressée au préfet des Gaules est datée de l'an 409, c'est qu'elle n'aurait pu recevoir alors aucune application ou exécution, puisque ce prince,

---

(1) Saint-Jérôme parle à Dardanus lui-même, à la fin de sa 129ᵉ lettre, qui est de l'année 414, de cette seconde promotion à la préfecture des Gaules.

(2) Il est fort probable que le christianisme, à Sisteron, date de l'époque de la conversion de Dardanus, dont l'exemple dut nécessairement entraîner une population qui lui devait son salut.

(3) Voyez Papon, Histoire générale de Provence, tom. I, pag. 95,471-472 et tom. II, pag. 370.

7

quoi qu'en dise le célèbre commentateur Godefroy,
ne possédait absolument rien dans ce pays ; presque
tout était envahi par l'usurpateur Constantin, associé forcément par lui à l'empire, dès le commencement de cette même année, ou par les Barbares,
et le peu qui pouvait en rester s'était entièrement
déclaré indépendant; il y a donc toute apparence
que la loi qui est adressée à Dardanus, datée de
Ravenne, n'appartient point à l'année 409, comme
on l'a cru jusqu'ici, et qu'au lieu d'*Honorio VIII*
et *Theodosio III COS*, il faut lire *Honorio VIIII* et
Theodosio V COSS (1), qui indiquent l'année 412,
à la fin de laquelle il pouvait être effectivement
préfet des Gaules, puisqu'il est certain qu'il l'était
en 413 (2).

La raison qui fait qu'on ne peut placer la date
de la loi dont il s'agit en 411, c'est que cette année-
là Théodose était seul consul, et que ce n'est que
pendant la suivante qu'il le fut, conjointement avec
Honorius, ainsi que le marque le code Théosien (3).

A la vérité, la reddition de la ville d'Arles, en

---

(1) Voyez l'Art de vérifier les dates, 4ᵉ édition, in-8°, *Paris*,
1818, tom. IV, pag. 163.

(2) Voyez Lenain de Tillemont, Histoire des empereurs,
tom. V, pag. 809.

(3) Voyez Tillemont, Histoire des empereurs, tom. V,
pag. 608-814-815. — Cod. Theod. chron., tom. Iᵉʳ,
pag. 157-158.

septembre 411, et la mort de Constantin dont la tyrannie avait duré environ quatre ans, firent rentrer toutes les provinces méridionales sous la puissance d'Honorius. Mais cet état de chose ne fut pas de longue durée, car *Jovin*, noble Gaulois, s'était fait proclamer empereur d'Occident, à Mayence, à peu près dans le même temps (1) que Constantin se dépouillait de la pourpre pour sauver sa vie et après s'être fait ordonner prêtre par l'évêque d'Arles.

La fortune fut encore, dans cette circonstance, favorable à Honorius, car il arriva que, cherchant à exécuter d'anciens projets de son beau-frère Alaric, et désirant former un établissement dans la Gaule, *Ataulphe* entama des négociations avec Jovin et se mit en marche pour se réunir à lui. On évalue à deux cent mille combattants, femmes et enfants, le nombre des individus qui formaient cette émigration visigothe. *Jovin* avec ses troupes marcha au-devant d'Ataulphe et le rencontra aux environs de Lyon, mais les deux nouveaux alliés ne tardèrent pas à se diviser, grâce à l'adresse et à l'habileté du fidèle préfet du prétoire, *Claudius Posthumus Dardanus*, qui seul, dans la Gaule,

---

(1) En août 411 et non en 412, ainsi que l'avance par erreur M. de Châteaubriand, dans ses Études historiques, édition de 1836, grand in-8°, tom. II, pag. 184.

ne s'était point soumis au nouveau tyran (1).

La légèreté et l'imprévoyance de Jovin lui fournirent plus d'un grave motif pour travailler à le ruiner dans l'esprit d'*Ataulphe;* celui-ci se montra en effet très-offensé de ce que son allié avait donné le titre de *César* à son frère Sébastien en l'associant ainsi, contre son sentiment, à la dignité impériale, et qu'au lieu de fonder un gouvernement nouveau, le chef gaulois cherchait à faire revivre dans son pays le vieil empire d'Occident (2).

Il résolut dès lors de se rapprocher d'Honorius ; la princesse *Galla Placidie*, si célèbre par son esprit, sa beauté, et surtout par ses malheurs, qu'*Ataulphe* retenait prisonnière depuis la prise de Rome par Alaric, et dont il convoitait la main, fut sans doute, par l'intermédiaire et la médiation de Dardanus, la négociatrice secrète du traité d'alliance qui se conclut entre l'empereur d'Occident et le roi visigoth. Ataulphe s'engagea à lui livrer la tète de Jovin et à lui renvoyer la jeune princesse sa sœur (3).

---

(1) Voyez *Tironis Prosperi Chronicon*, in Thesauro temporum, edente *J. Just. Scaligero*, Amst., 2ᵉ édition, 1658, in-folio, 2 vol., sub anno 412, et Tillemont, Hist. des emp., tom. V, pag. 609.

(2) Voyez Prosp. Tir., sub anno 412.

(3) Voyez Myrobiblon, sive Bibliotheca Photii, *Geneva*, 1612, in-folio, pag. 184-185.

En échange d'un si grand service, l'empereur ne s'obligea qu'à fournir aux Visigoths une certaine quantité de grains et de bétail. L'effroyable famine qui désolait alors (en 412) la Gaule peut seule expliquer la modération de la demande d'Ataulphe.

Le roi visigoth se disposa aussitôt à remplir ses engagements ; il fit d'abord prisonnier Sébastien, frère de l'usurpateur, mais Jovin eut le temps de fuir et se jeta dans Valence avec une partie de ses forces ; Ataulphe l'y assiégea, la ville fut prise et ruinée, et Jovin se rendit au vainqueur, qui le livra au préfet du prétoire Dardanus, lequel le décapita lui-même à Narbonne en l'année 413, suivant *Idace*, historien contemporain, sur la chronique duquel se fondent les savants auteurs de l'Art de vérifier les dates (1).

Il est donc fort probable que, sans le zèle et le dévouement à toute épreuve de ce préfet du prétoire pour les intérêts de son maître légitime, l'alliance d'Ataulphe et de Jovin n'aurait point été dissoute, et qu'alors Honorius, ne pouvant lutter avec avantage contre des forces si supérieures aux siennes, aurait perdu sa couronne, ce qui eût changé totalement la face des affaires, et peut-être

(1) Voyez Idat. Chron., et l'Art de vérifier les dates, tom. IV, pag. 255.

les destinées de l'empire romain et par suite celles
des Gaules, qui en étaient en quelque sorte une
dépendance.

Aussi, cet homme supérieur pour son temps,
lorsque le dernier usurpateur eut été vaincu, fut-il
confirmé dans les hautes fonctions dont il s'était
rendu si digne par cette inébranlable et généreuse
fidélité qui plus d'une fois produisit des miracles,
et qui, à cette époque appelée *barbare*, avait cependant encore quelque prix, quelque valeur aux
yeux des princes dont la politique n'était pas encore raffinée au point de sacrifier lâchement leurs
vrais amis aux exigences de leurs propres ennemis,
dans le coupable et fol espoir de régner après un
tel sacrifice et une telle indignité ! ! !

C'est pourtant cet homme qu'un grave écrivain,
revêtu de l'épiscopat, n'a pas craint de représenter avec les couleurs les plus sombres, comme un
monstre, qui réunissait en lui seul tous les vices
des divers tyrans qui, tour à tour, avaient envahi
et désolé les Gaules; mais quatorze siècles écoulés
depuis cette déplorable époque ont dû calmer les
passions et dissiper des préventions nées de l'ac-
complissement de devoirs très-rigoureux, sans
doute, mais qui, pour être tels, n'en étaient pas
moins sacrés et inviolables et l'impartiale histoire
qui en a transmis le mémorable souvenir à la postérité, a déjà dit et redira dans les âges futurs que

Sidoine Apollinaire, égaré par l'esprit de famille et
de parti, a honteusement calomnié celui que l'u-
surpateur Constantin destitua en 408, pour mettre à sa place *Apollinaire, son aïeul*, puis, au commencement de 409, l'ami intime de ce même
Apollinaire, *Decimius Rusticus*, lequel fut à son
tour destitué lors de la chute du tyran, pour
rendre à *Dardanus*, qui y avait puissamment con-
tribué, le haut emploi dont il n'avait pu être dé-
pouillé que par l'injustice.

De là la haine vouée à ce dernier par l'évêque de
Clermont, qui a voulu évidemment le sacrifier à son
parent, dont il fait à ses dépens un éloge pompeux
et pour lequel il avait une admiration telle, que
trouvant un jour (s'il faut en croire un auteur qui
sans doute l'a vu quelque part) des malheureux qui
creusaient par mégarde une fosse sur la place ou
était enterré ce même parent, il ne put s'empêcher
de les tuer en passant (1).

Beau passe-temps, en vérité, pour un évêque!
mais aussi belle occasion pour les philosophistes
voltairiens de déclamer à tue-tête contre les minis-

---

(1) Voyez *Mary-Lafon*, Histoire politique, religieuse et
littéraire du Midi de la France, tom. I, pag. 187, à la
note. — Sid. Ap., ex editione Sirmondi, *Paris*, 1652, in-4°,
pag. 139. — Tillemont, Histoire des empereurs, tom. V,
pag. 555.

tres de la religion, voire contre la religion elle-même, si cette grave imputation n'était pas, comme tant d'autres, une coupable imposture.

Et c'est pourtant cet illustre prélat qui, comprenant la divine charité bien autrement que le secourable Belzunce, a osé dire : *Omnia in Dardano crimina simul exsecrarentur* (1) !

Heureusement les deux plus grands génies du siècle où vécut le fidèle préfet du prétoire et avec lesquels il fut longtemps en relation, saint Jérôme, saint Augustin, dont les lettres font juger qu'il vivait encore en 414 et même en 417, ont suffisamment vengé sa mémoire des outrages et des injustes attaques de celui qui, tour à tour panégyriste et flatteur complaisant de Majorien et d'Anthémius et de tous les pouvoirs qui se succédaient alors, comme de nos jours, si rapidement, ne cessa d'avoir d'étroites liaisons avec les ennemis déclarés de l'illustre préfet des Gaules, particulièrement avec Aquilin, petit-fils de Decimius Rusticus, préfet des tyrans Constantin et Constant, après Apollinaire (2).

Comment se fait-il donc qu'un personnage aussi recommandable sous tant de rapports, que saint Jérôme, en tête d'une de ses lettres, appelle le plus

---

(1) Voyez *Sid. Apol.*, epis. 9, lib. V.

(2) *Id.*, pag. 56. — *Tillemont*, Histoire des emp., tom. V, pag. 610.

noble des chrétiens et le plus chrétien des nobles (1);
n'ait pas pu jusqu'ici trouver la plus modeste place
dans les nombreuses et immenses colonnes de nos
biographies modernes, qui pourtant y ont admis
si facilement, et parfois si complaisamment, tant
d'hommes obscurs ou médiocres? leurs auteurs n'a-
vaient cependant qu'à consulter l'histoire; elle leur
aurait appris :

1° Que Dardanus succéda dès l'année 408 (2),
dans la préfecture du prétoire des Gaules à *Sé-
nateur* et au *comte Limène*, qui tous deux avaient
pris la fuite, le premier, devant les barbares du
Nord, dont l'irruption dans ce pays, qui com-
mença le 31 décembre de l'an 406, offrit pour la
première fois le spectacle imposant et terrible qui
devait se renouveler à pareil jour, 1397 ans après,
ou le 31 décembre 1813; et le second, au moment
ou l'usurpateur Constantin voulut en faire la conquête (3).

2° Qu'il eut à lutter presque seul non-seulement
contre ces deux sortes d'ennemis également redoutables, mais encore contre les divers peuples de la
Gaule, qui, se proclamant indépendants, depuis les

---

(1) Voyez *S. Hier.*, epist. 129.
(2) Voyez *Tillemont*, Histoire des empereurs, tom. V,
pag. 554-555.
(3) Voyez *Id.*, pag. 547-551-808.

sources du Tarn jusqu'à l'embouchure de la Seine, chassèrent de proche en proche les agents de l'administration impériale.

3° Que par sa prudence, sa présence d'esprit, son courage et sa valeur, il préserva des atteintes de ces nombreux et sauvages envahisseurs, non-seulement la ville de *Theopolis*, dont il était le propriétaire et le seigneur, mais encore toutes les populations voisines, au nombre desquelles devait être, comme plus rapprochée, la ville de *Sisteron*.

4° Que ce fait est évidemment attesté par la belle inscription qui rappelle son nom et le souvenir de sa noble conduite en cette occasion ; car les faits rapportés par les monuments antiques sont et doivent être considérés comme des faits accomplis ; or cette inscription a principalement pour objet de constater que Dardanus, aidé de sa femme et de son frère Lépidus, mit tous les habitans de ce pays et des environs à l'abri des dévastations auxquelles furent livrées, dans ce temps calamiteux, toutes les autres parties de la Gaule ; s'il en était autrement, quelle pourrait être la vraie signification de l'inscription qui, indubitablement, a été gravée sur le rocher de *Chardavon* postérieurement à l'invasion des barbares, sinon, que malgré les fortifications dont la ville de *Theopolis* avait été entourée, et la sollicitude du courageux préfet pour la défendre, les dévastateurs y auraient pénétré, pillant, saccageant, massacrant et n'y laissant que des ruines comme partout ailleurs?

Ce monument ne consacrerait donc qu'un mensonge que la vanité seule aurait pu inspirer à ses auteurs, ce qui n'est pas vraisemblable, car comment expliquer alors le concours ou plutôt la complicité de toutes les générations qui se sont succédé depuis cette époque jusqu'à ce jour, pour laisser subsister pendant si longtemps un monument consacrant à la face du soleil une telle imposture?

Ainsi cette ville n'a pu être ruinée et dévastée que dans des temps postérieurs à Dardanus, auquel on ne saurait sans injustice, et contrairement à la vérité, contester le titre honorable, même glorieux, de sauveur de la haute Provence, titre que lui a assuré aux yeux de la postérité cette admirable page, qui, bravant toutes les vicissitudes et les révolutions de quatorze siècles, a été constamment l'objet de la vénération de toutes les générations éteintes, comme elle l'est encore aujourd'hui de toutes celles qui peuvent la lire!

L'histoire elle-même, indépendamment des monuments, viendrait encore, au besoin, confirmer ce qui vient d'être établi par le plus simple raisonnement.

Les barbares n'avaient pas encore eu le temps d'envahir toutes les Gaules, particulièrement la

seconde Narbonnaise, lorsque Constantin, qui y
était aussi entré vers le mois d'août ou de septembre de l'an 407, se disposa à les combattre,
comme le faisaient alors en même temps les
armées d'Honorius elles-mêmes, et les vainquit
dans plusieurs batailles, en sorte qu'il devint maître du pouvoir et assez puissant pour contraindre
le faible empereur à le reconnaître en l'associant à
l'empire, ce qui eut lieu au commencement de
l'année 409.

Cette circonstance décisive, jointe à la haute prudence de Dardanus, suffit pour sauver de la destruction *Théopolis*, *Sisteron* et très-probablement toutes
les villes voisines qui échappèrent ainsi comme par
miracle au saccagement des barbares et du nouveau conquérant; car suivant *Salvien* (1), Dieu ne
leur abandonna la Gaule que peu à peu « afin que
» la punition d'une province portât les autres à se
» corriger par la crainte des mêmes malheurs,
» mais ce fut inutilement, » ajoute le saint prêtre
en s'écriant :

« A-t-on vu parmi nous aucun amendement ?
» une seule province de l'empire s'est-elle cor-
» rigée ? nous nous sommes tous endurcis comme

---

(1) Voyez *Salviani massiliensis* de Gubernatione Dei, lib. VII,
cap. 7, pag. 145-167, Parisiis, 1663, in-8°. — *Tillemont*, t. V,
pag. 548.

» des rochers ; les hommes de notre temps n'ont
» plus de courage et d'énergie, les uns, ce sont les
» plus nombreux, que pour tolérer ou souffrir, et
» les autres que pour faire le mal, ne songeant
» tous qu'à amasser quelques biens fragiles et pé-
» rissables, qu'ils se disputent entre eux comme
» des bêtes féroces, mais qu'ils sont bientôt forcés
» d'abandonner pour rendre compte au souverain
» juge de leurs actions. »

Tant il est vrai que, dans tous les temps de
décadence, les hommes ont toujours été les
mêmes!!!

C'est cette invasion lente et successive des barbares qui donna à Constantin le temps de les
vaincre, et son association à l'empire survenant
presque immédiatement, le courageux préfet du
prétoire dut se soumettre sans résistance, après
avoir couru, lui, sa famille et toutes les populations
de son pays, des dangers dont le seul récit fait
frémir.

« Quand tout l'Océan, dit Prosper (1), tout à la
fois témoin et victime de ce désastre, aurait inondé
les Gaules, il n'y aurait point fait de si horribles
dégâts que cette épouvantable guerre. Si l'on nous
a pris nos bestiaux, nos fruits et nos grains, si l'on

---

(1) Voyez *Prosp.*, de Providentiâ, *Parisiis*, 1652, in-folio,
pag. 519 et *Tillemont*, tom. **V**, pag. 549.

a détruit nos vignes et nos oliviers, si nos maisons
de campagne ont été ruinées par le feu ou par l'eau,
et si, ce qui est encore plus triste à voir, le peu qui
en reste demeure désert et abandonné, tout cela
n'est que la moindre partie de nos maux ; mais
hélas ! les Goths et les Vandales font de nous une
horrible boucherie : les châteaux bâtis sur les rochers, les bourgades situées sur les plus hautes
montagnes, les villes environnées de rivières, n'ont
pu garantir leurs malheureux habitants de la fureur
de ces barbares ! ! et l'on a été exposé partout aux
dernières extrémités. Si je ne puis me plaindre du
carnage qu'on a fait sans discernement, soit de tant
de peuples, soit de tant de personnes considérables
par leur rang, qui peuvent n'avoir reçu que la juste
punition des crimes qu'elles avaient commis, ne
puis-je pas au moins demander ce qu'ont fait tant
de jeunes enfants enveloppés dans le même carnage, eux dont l'âge était incapable de pécher ?
pourquoi Dieu a laissé consumer ses temples par le
feu ? pourquoi il a permis qu'on profanât les *vases
sacrés* ? La sainteté et l'excellence des vierges, la
religion et la piété des veuves, ne les ont point
mises à couvert ; les solitaires mêmes, qui n'a-
vaient point d'autre occupation dans leurs grottes
et leurs cavernes que d'y louer *Dieu* jour et nuit,
n'ont pas éprouvé un meilleur sort que les plus
criminels d'entre les hommes ! ! C'est une tempête

qui a emporté indifféremment les bons et les méchants, les innocents et les coupables ; la dignité et le respect dûs au sacerdoce n'ont pas exempté ceux qui en étaient honorés de souffrir les mêmes indignités et les mêmes supplices que la lie du peuple : ils ont été enchaînés, déchirés à coups de fouet et condamnés au feu comme les derniers des hommes ! ! ! »

Et dans le même temps, l'auteur infortuné de ce déchirant et lamentable tableau était emmené captif et contraint de marcher à pied, chargé de son modeste bagage, au milieu des chariots et des armes des barbares, avec la triste consolation de voir à côté de lui, dans le même état, son évêque qui était un saint vieillard, et tout le reste du peuple emmené comme un vil troupeau ! !

Saint Jérôme, à son tour, déplore, au commencement de l'année 409 (1), la ruine des Gaules :

« Mayence, dit-il, cette ville autrefois si célèbre, a été prise et ruinée, et plusieurs milliers de personnes ont été égorgées jusque dans l'église ; *Worms* a été détruite après un long siége, Reims, cette ville puissante, Amiens, Arras, Térouenne, qui est à l'extrémité du monde, Tournay, Spire,

---

(1) Voyez *Hier.*, epist. II. — *Tillemont*, Hist. des emp., tom. V, pag. 550.

Strasbourg, de villes romaines, sont devenues villes d'Allemagne ; dans l'Aquitaine, dans la Lyonnaise, dans la Narbonnaise, tout est ravagé, à l'exception de quelques villes que l'épée de l'ennemi assiége au dehors et que la famine tourmente au dedans ; que si Toulouse subsiste encore, elle doit sa conservation au mérite de son grand évêque, Exupère. »

On le voit, cet illustre Père de l'Église latine parle en homme bien instruit de tout ce qui se passait alors, non dans une ou plusieurs parties, mais dans l'universalité des Gaules ; ce qui peut faire penser, avec quelque apparence de raison, que Dardanus, lui-même, avec qui il était en correspondance, lui fit connaître la triste situation de ce malheureux pays, et l'on conviendra sans peine que nul ne pouvait mieux le faire que celui qui, dans ce moment, bien qu'éloigné des affaires, était néanmoins encore investi virtuellement de toute l'autorité.

5° Que, destitué de sa place de préfet du prétoire par l'usurpateur Constantin, aussitôt que Constant, son fils aîné, eut été créé César, c'est-à-dire dès l'année 408 (1), Dardanus vécut dans la retraite jusqu'à sa chute arrivée en septembre 411. Il est

---

(1) Voyez *Tillemont*, Histoire des empereurs, tom. V, pag. 554-555.

fort probable que, dans cet intervalle, quoique sans emploi ostensible et officiel, son zèle pour son souverain légitime ne se ralentit point et qu'il ne fut point étranger aux nombreux obstacles que le tyran ne put vaincre et qui causèrent sa perte.

6° Que ce fut, suivant toutes les apparences, après ce grand événement, c'est-à-dire vers la fin de 411, ou au plus tard au commencement de l'année suivante 412, que fut gravée sur le *rocher de Chardavon* la belle inscription qui a immortalisé le souvenir de son honorable et généreuse conduite, celle de *Névia Galla*, sa femme, et de Claudius Lépidus, son frère ; car il n'y est pas dit qu'il eût été deux fois préfet du prétoire des Gaules, *ITERUM*, avant cette époque.

7° Que dans le courant de l'an 412, une partie de la Gaule étant rentrée sous la domination d'Honorius, Dardanus reprit ses fonctions, suspendues par les événements pendant près de quatre ans, y fut confirmé, ou plutôt promu pour la deuxième fois par ce prince (1) qui ne pouvait voir en lui

---

(1) Saint Jérôme, à la fin de sa 129ᵉ lettre qui, comme on l'a déjà dit, est de l'an 414, confirme pleinement cette deuxième promotion de Dardanus, en s'adressant à lui-même en ces termes : *Vir eloquentissime in duplici præfecturæ, honore transactæ, nunc in Christo honoratior.* Ce qui signifie bien que cet homme très-éloquent était honorablement par-

8

qu'un serviteur fidèle et dévoué, qui seul ne l'avait
point abandonné dans ses revers, tandis que tant
d'autres grands personnages, sur lesquels il avait

---

venu d'une préfecture à l'autre, mais plus honorablement encore au sein du christianisme, et non qu'il eût alors cessé
d'exercer ces hautes fonctions ; ainsi que l'ont cru, mal à
propos, quelques interprètes ; puisque le célèbre évêque d'Hip-
pone, saint Augustin, lui écrivant aussi, mais en 417 ou trois
ans plus tard, lui dit, lettre 57e :

« Bien-aimé frère Dardanus, plus illustre pour moi dans
» la charité du Christ que dans les dignités de ce siècle,
» j'avoue que j'ai répondu trop tard à vos lettres : je ne
» voudrais pas que vous en cherchassiez les causes, de peur
» que vous ne supportassiez plus difficilement mes longues
» excuses que vous n'avez supporté mes longs retards ; j'aime
» mieux vous voir accorder mon pardon que juger ma dé-
» fense. Quelle qu'ait pu être la cause de ce retard, croyez
» bien qu'il n'a pu entrer en moi aucun dédain de ce qui
» vous touche ; je vous aurais répondu plus tôt, si je vous
» avais compté pour peu ; ce n'est pas que je croie être par-
» venu à écrire quelque chose de digne d'être lu par vous
» et de vous être adressé ; mais j'ai mieux aimé vous écrire
» que de passer encore cet été sans payer ma dette ; je n'ai
» ni tremblé, ni hésité en présence *de votre rang si haut* ;
» votre bienveillance m'est plus douce que *votre dignité* ne
» m'est suspecte, mais ce qui fait que je vous aime, fait
» aussi que je trouve difficilement de quoi suffire à l'avidité
» de votre *religieux amour*. » Voyez Histoire de saint Augustin, sa vie, ses œuvres, son siècle, influence de son génie, etc., par *Poujoulat*, Paris, 1845, 3 vol. in-8°, tom. II,
pag. 396.

le droit de compter, l'avaient honteusement trahi et même attaqué.

C'est pendant cette même année que la loi datée de Ravenne, le 7 décembre, et qui est relative, comme on l'a déjà dit, à la nomination ou élection des chefs des conseils ou sénats des villes municipales, fut adressée à Dardanús, Honorius et Théodose étant consuls, le premier pour la neuvième et le second pour la cinquième fois, bien que M. de Châteaubriand prétende, on ne sait trop sur quel fondement, que dans cette même année 412 il n'y eût plus de consul (1).

8° Que cette même année, 412, Dardanus parvint, par une politique aussi adroite qu'habile, à brouiller Ataulphe, roi des Visigoths, et le nouvel usurpateur Jovin, de manière à faire traiter le premier avec Honorius, ce qui, en retardant la chute de l'empire, eut pour résultat inévitable l'extermination de Jovin, de son frère Sébastien et de son parti.

9° Que pendant l'année suivante, 413, l'usurpateur Jovin, ayant été défait par l'effet de la coopé-

---

(1) Voyez Études historiques, tom. II, édition de 1836, grand in-8°, pag. 183. — Tillemont, Histoire des empereurs, tom. V, pag. 608-815. — *Cod. théod.*, chron., pag. 157-158. —Art de vérifier les dates, édit. in-8°, tom. IV, pag. 163, *Conss. sous l'année* 412.

ration des Romains et des Visigoths, fut livré par Ataulphe au fidèle et courageux préfet du prétoire, Dardanus, qui le décapita lui-même à Narbonne.

10° Que si dans les années 414, 415, 416, 417, aucune loi ne fut adressée au préfet de la Gaule, c'est que, dans l'état de désorganisation et d'anarchie où elle se trouvait alors, il eût été impossible de la faire exécuter; il fallait donc auparavant y rétablir l'autorité impériale et c'est de ce soin que très-probablement Dardanus fut chargé par son prince qui devait à sa constante fidélité ce témoignage de haute confiance.

L'autorité dont il était investi, en sa qualité de préfet du prétoire, la première charge de l'empire, était suffisante pour cette réorganisation, puisqu'elle lui donnait le pouvoir de publier des édits qui avaient force de loi dans son immense département, comprenant, outre la Gaule, l'Espagne et l'Angleterre ; c'était là d'ailleurs le moyen le plus sûr et en même temps le plus prompt de parvenir au rétablissement de l'ordre dans toutes les branches de l'administration, que l'éloignement du gouvernement central n'aurait pas manqué de retarder ou d'ajourner peut-être indéfiniment, puisque, malgré tout le zèle, toute l'activité de Dardanus, trois ans plus tard, en 420, on voit encore un de ses successeurs, Exupérance, le compatriote, le parent et l'ami du poëte *Rutilius*, ancien préfet de

Rome, chargé de ce soin et occupé à rétablir l'autorité romaine et l'empire des lois dans les Armoriques (1).

11° Qu'il paraît que Dardanus cessa d'exercer ses fonctions, ou mourut vers la fin de l'année 417, ou au commencement de l'année suivante, 418, puisqu'au mois d'avril de cette même année on voit figurer dans le code Théodosien un nouveau préfet du prétoire des Gaules, Agricola, auquel sont adressées plusieurs lois importantes, les premières concernant ce pays depuis celle du 7 décembre 412, datée de Ravenne (2).

Tel est l'homme qui, pendant près de dix ans, prit tant de part aux plus mémorables événements d'un siècle qui en produisit un si grand nombre, et qui pourtant aurait passé presque inaperçu, même avec la belle inscription qui, durant plus de quatorze cents ans, a conservé son nom, ainsi que le souvenir de son honorable conduite envers les populations confiées par le prince à sa sollicitude, sans les nouvelles recherches auxquelles a dû se li-

---

(1) Voyez *Rutilii numatiani itinerarium*, lib. I, cum notis variorum, Amst., 1687, in-12. — *Tillemont,* Hist. des emper., tom. V, pag. 636.

(2) Voyez *Tillemont,* Hist. des empereurs, tom. V, pag. 641-823. — *Codex theodos.,* apud *Script. rer. gallic. et francisc.,* t. I, pag. 767.

vrer l'auteur de la notice qui a cru devoir, pour ne
pas en dépasser les limites, n'y consigner que ce
qui se rattachait naturellement au développement
nécessaire du titre de la *grande charte du roi René*,
et comme pour indiquer sommairement que jusqu'à
ce jour ce sujet si intéressant, non-seulement pour
l'histoire particulière d'une petite localité, mais
encore pour l'histoire générale du midi de la
France, avait à peine été effleuré par les nombreux
auteurs qui en ont parlé en se copiant tous servile-
ment les uns les autres.

Il semble que la destinée de ce beau monument,
qu'on peut regarder comme le dernier des Romains en Provence, ait été d'être toujours reproduit d'une manière inexacte ; car, parmi les nombreuses copies (environ une vingtaine) faites dans
l'intervalle de plus de deux cents ans et qui ont été
insérées dans des compilations plus ou moins volu-
mineuses, indigestes ou sans critique, il n'y en a
aucune qui présente la réunion des deux conditions
sans lesquelles on ne peut avoir la prétention de
reproduire fidèlement les monuments antiques du
genre de celui dont on s'occupe ici, c'est-à-dire le
fond et la forme, et telle de ces copies, qui d'ailleurs est exacte pour le fond, ne l'est point quant
à la forme ; cette dernière condition, il faut le dire
parce que c'est la vérité, manque absolument à
toutes, et pour s'assurer de ce fait, il s'agit seule-

ment d'ouvrir les yeux, de voir et de comparer. Il
n'y en a qu'une qui les réunit toutes les deux, c'est
celle qui, en juin 1818, fut faite sous les yeux mêmes
du procureur du roi de Sisteron par M. le *docteur
Honorat*, de Digne, qui lui-même ensuite l'a gravée
sur une planche de bois, de manière à en reproduire une ectype, ou copie figurée qui ne laisse
rien à désirer même aux plus difficiles ; c'est l'original lui-même reproduit parfaitement dans de
plus petites proportions, avec la position, les dis-
tances, la forme et les altérations de ses caractères,
ce qui en fait un véritable fac-simile, sur l'exactitude duquel les simples amateurs d'antiquités,
comme les archéologues de profession, pourront
désormais compter (1).

Il est bien surprenant d'après cela que les savants et estimables auteurs des nouvelles et intéressantes vies de saint Jérôme et de saint Augustin,
MM. Collombet et Poujoulat, qui avaient eu connaissance de cette dernière copie, puisqu'ils citent
l'un et l'autre les *Annales des Basses-Alpes*, n'aient
pas mieux fait que leurs devanciers, se contentant de
donner exactement pour le fond, mais seulement en
caractères modernes, l'inscription, sans s'attacher à
ce qui distingue particulièrement le modèle qu'ils

---

(1) Voyez *Annales des Basses-Alpes*, février 1839, pag. 360-
361 et suivantes.

avaient sous les yeux de toutes les autres copies (1).

En permettant à tous les membres du conseil ou du sénat municipal de Sisteron de concourir à la nomination ou à l'élection de ses chefs, qui ne pouvaient être pris parmi les agents du gouvernement, la loi d'Honorius donnait la plus grande extension possible aux priviléges et aux prérogatives de la commune, qui, à cette époque reculée, acquit, il faut le dire, cent fois plus de liberté qu'elle n'en possède aujourd'hui même, donnant ainsi une sévère leçon à tous les pouvoirs qui se sont succédé jusqu'à nos temps modernes, et qui semblent avoir pris tous à tâche de la restreindre chaque jour davantage, suivant leur bon plaisir, au profit d'une politique étroite et égoïste, pour laquelle le plus grand peintre de l'antiquité, Tacite, semble avoir, tout exprès pour la flétrir, tracé dans son immortelle histoire ces paroles remarquables :

« Ceux qui désirent le pouvoir pour eux et la » servitude pour les autres se cachent derrière la

---

(1) Histoire de saint Jérôme, etc., par M. Collombet, Lyon, 1844, 2 vol. in-8°, tom. II, pag. 437. — Hist. de saint Augustin, etc., par M. Poujoulat, Paris, 1845, 3 vol. in-8°, tom. II, pag. 394 et suiv. Dans ce dernier ouvrage on trouve en entier la notice intéressante de M. le docteur Honorat, sur l'inscription de *Theopolis*, mais malheureusement sans le *fac-simile* qui en est inséparable.

» liberté, et ne manquent jamais, pour y parve-
» nir, d'invoquer les noms les plus spécieux afin de
» mieux l'étouffer (1). »

Ce qu'on ignore assez généralement, c'est que
le même empereur voulut aussi dans le même
temps doter les provinces de la Gaule d'une charte
constituant un gouvernement analogue à celui
qu'on est convenu d'appeler aujourd'hui gouvernement représentatif, qui toutefois, jusqu'à présent, n'a jamais rien représenté, hormis ceux qui
le composent ou en font partie, ce qui n'est à vrai
dire qu'une bien faible partie de la représentation
nationale, ainsi que le fait observer judicieusement
un auteur qu'on ne saurait regarder ici comme sus-
pect, M. Augustin Thierry (2).

Ce rescrit, ou plutôt cette loi, des empereurs
Honorius et Théodose le Jeune, datée du 17 avril
418 et qu'on donne ici parce qu'elle est peu connue,
est adressée au successeur de *Claudius Postumus
Dardanus*, *Agricola*, dans les termes suivants :

« Honorius et Théodose, Augustes,
à Agricola, préfet des Gaules.

» Sous la très-salutaire administration de ta *ma-*

_____

(1) « Ceterum libertas et speciosa nomina prætexuntur, etc. »
Voyez *Tacit.*, lib. IV, cap. 73.

(2) Voyez *Dix ans d'études sur l'hist. de France*, 4ᵉ édition,
Paris, 1842, in-8°, pag. 296-297.

gnificence, convaincus qu'il convient d'accorder les améliorations que réclame l'état de la république, nous avons résolu de décréter pour nos sept provinces une mesure très-utile qui sera maintenue et qu'elles avaient le droit d'attendre, car les besoins de la propriété et les embarras des fonctions publiques, accrus par ces temps difficiles, exigeant ou que les *honorés* affluent à ton prétoire, ou que des députés y soient envoyés, non-seulement des provinces, mais encore de toutes les cités, nous jugeons utile et opportun que, selon l'ancienne coutume, ces provinces tiennent désormais une assemblée annuelle dans notre ville métropolitaine d'Arles, afin que, par le concours des meilleurs citoyens délibérant sous ton illustre présidence si la situation des affaires l'exige, on puisse d'abord recueillir des avis salutaires sur toutes choses ; ensuite pour que les mesures qui auront été agitées ou prises après une mûre discussion soient portées à la connaissance de toutes les provinces (1), et que les griefs de celles qui n'auraient pas de représentants obtiennent la même justice.

---

(1) Ces provinces étaient : la Viennoise, la première Aquitaine, la seconde Aquitaine, la Novempopulanie, la première Narbonnaise, la seconde Narbonnaise et la province des Alpes-Maritimes.

» Nous pensons qu'outre les besoins de la chose publique, cette assemblée annuelle que nous rétablissons ne servira pas peu à adoucir les mœurs et à rendre les relations plus faciles ; déjà un illustre préfet avait essayé de mettre en vigueur cet usage auquel nous revenons aujourd'hui, et qui fut trop longtemps interrompu par le malheur des temps et l'incurie des usurpateurs.

» Ta *magnificence* aura donc à faire exécuter perpétuellement notre volonté, qui est que tous les ans, aux ides d'août, les honorés, les propriétaires et les juges des provinces se réunissent dans la cité d'Arles ; toutefois, quant à la *Novempopulanie* et à la *Seconde Aquitaine* qui sont un peu plus éloignées, si les juges y étaient retenus par leurs occupations, nous leur faisons savoir qu'elles aient à envoyer des députés selon la coutume ; nous croyons par cette mesure faire une chose utile et agréable aux provinces et ajouter à la splendeur de notre cité d'Arles dont nous n'avons cessé de nous louer (1).

» Que ta *magnificence* sache enfin que le juge qui ne sera pas arrivé à l'époque fixée doit être frappé

(1) Voyez Duchesne, Histor. Franc. scriptores, *Parisiis*, 1636-1649, 5 vol. in-folio, tom. I, pag. 83.—Tillemont, Hist. des emp., tom. V, pag. 641-823.—Cod. theodos., apud. Script. rer. gallic. et francisc., tom. I, pag. 767.

d'une amende de cinq livres d'or, l'*honoré* ou le *curiale* de trois livres (1). »

Donné le XV des kalendes de mai.
Reçu à Arles le X des kalendes de juin.

Mais chose assez singulière, les provinces et les villes, qui, apparemment, étaient plus en garde que celles d'aujourd'hui contre une telle nouveauté, que ne manqueraient pas d'appeler à tue-tête un bienfait tous ceux à qui elle serait profitable, furent sourdes à cet appel, la refusèrent nettement, et personne ne voulut nommer des députés, ni aller à Arles; et cela très-probablement parce que la centralisation et l'unité dans le gouvernement étaient contraires à la nature primitive de ces sociétés et que, l'esprit de localité reparaissant partout, l'impossibilité de reconstituer une société générale, une patrie générale, était évidente; d'ailleurs, comme le dit fort bien le savant auteur des Lettres sur l'histoire de France : « Profondément dégoûtés d'un empire dont plusieurs fois, mais vainement, ils avaient essayé de se détacher, les habitants des cités gauloises tendaient de toutes leurs

(1) 3400 fr. pour les juges et 2040 fr. pour les curiales, l'or et l'argent étant à cette époque et jusqu'en 460 dans la proportion de 1 à 10 et la livre d'argent, composée de 84 deniers, chacun de 81 cent., valant 68 fr.

forces à l'isolement municipal ; toute espèce d'institution, même libérale, qui avait pour but de les rallier à l'administration des grands officiers impériaux ne pouvait manquer de leur déplaire ou d'être reçue froidement par eux (1). »

C'est ce sentiment général de désaffection qu'exprime avec tant d'énergie Sidonius Apollinaris en s'écriant :

« Nous soutenons comme un fardeau l'ombre de
» l'empire, supportant par habitude plutôt que par
» conscience les vices d'une race vieillie, de la
» race qui s'habille de pourpre (2). »

Mais une réorganisation qui, à cette époque, était tout à fait impraticable par beaucoup d'autres raisons que les bornes d'une simple notice ne permettent point de développer ici, ne serait-elle pas très-facile aujourd'hui, si on voulait bien, une fois pour toutes, se constituer de bonne foi et n'admettre que ce qui est vraiment juste, légitime et

---

(1) Voyez Augustin Thierry, Lettres sur l'hist. de France, etc., 7e édit., Paris, 1842, Lettre XXV, pag. 455.

(2) Sid. Apoll., Paneg. Aviti imp., apud Scrip. rer. gallic. et francisc., tom. I, pag. 810.

.... Portavimus umbram
Imperii, generis contenti ferre vetusti
Et *vitia* et solitam vestiri *murice* gentem
More magis quam jure pati...........

national ; ces trois seules conditions de considération, de force et surtout de durée , pour un pouvoir
quelconque ?

« Rappelons-nous bien, s'écrie à ce sujet le même
écrivain que nous venons de citer, de toute la force
de notre mémoire, que la centralisation absolue,
régime de conquête et non de société, régime auquel n'avait pu encore atteindre le pouvoir contre
lequel la révolution s'est faite, ne fut point l'objet
de cette révolution entreprise pour la liberté ; obli-
gée d'abjurer la liberté pour tenir tête à la guerre,
la révolution devait un jour, sous peine de se dé-
mentir elle-même, retourner à la liberté et rendre
compte aux individus de leurs droits suspendus
pour la commune défense.

» Ces droits, trente ans n'ont pu les prescrire,
il s'agit de les revendiquer avec autant de persévérance et de tenacité qu'on en met à les refuser,
comme un dépôt aliéné volontairement et qui ne
peut être retenu sans fraude.

» Les portions diverses de la France antique
jouissaient de la vie sociale aux divers titres de
nation unie, de ville libre, de commune af-
franchie, de cité municipale ; partout on y voit des
traces de jugement par pairs, d'élections des ma-
gistrats, de contribution volontaire, d'assemblées
délibérantes, de décisions prises en commun, mais
les parties de la France actuelle sont inanimées et

le tout n'a qu'une vie abstraite et en quelque sorte nominale, comme serait celle d'un corps dont tous les membres seraient paralysés (1). »

Après avoir expliqué le titre et la souscription de la *grande charte du roi René* et donné à cette explication tout le développement que comportait naturellement un tel sujet, il ne reste plus à l'auteur de la notice qu'à examiner avec le même soin et la même attention le fleuron en forme de vase, placé immédiatement au-dessous de cette même souscription, et à exposer succinctement quelques considérations générales, tendant à faire ressortir tout ce que pourrait avoir d'utile, d'avantageux et de nouveau, non-seulement pour le graveur sur bois, mais encore pour la reproduction des œuvres du peintre, du dessinateur, du calligraphe etc., etc. le procédé tout à fait inconnu, que viennent inopinément signaler à l'art les quatre tables de bois dont la description est l'objet principal de cet opuscule ; si le hasard qui les a fait découvrir pouvait aussi nous révéler le secret de ses éléments, de ses moyens et de son application, qui feraient de la xylographie un nouvel art, destiné à opérer une véritable révolution dans ce genre de gravure.

---

(1) Voyez Aug. Thierry, *Dix ans d'études sur l'hist. de France*, Paris, 1842, pag. 295-296.

L'inscription en sens inverse et en capitales latines, dont une partie est sur le vase même, et l'autre
dans une large bande qui l'entoure, est l'expression d'une idée qu'on pourrait appeler instinctive
de l'invention de l'imprimerie, comme il y en avait
eu déjà dans l'antiquité chez les Grecs et chez les
Romains, dont les cachets en pierre ou en métal
offraient aussi des caractères renversés, qui donnaient des épreuves dans le sens direct, ce qui a
fait dire avec raison qu'il est fort suprenant que les
anciens n'aient pas conçu cet art de multiplier les
écrits à l'infini, ce grand agent de la civilisation et
de la prorogation des lumières et trop souvent des
erreurs, eux qui l'ont presque touché au doigt, car,
outre ces cachets, ils avaient encore des poinçons
pour contremarquer leurs monnaies et des caractères alphabétiques en relief, fondus soit en fer, soit
en airain, pour marquer des briques, des vases, des
lampes de terre et autres ustensiles. Il existe au
Musée de Portici une boîte remplie de ces sortes
de caractères anciens, trouvés à Herculanum, dont
on se servait à peu près de la même manière que
le font aujourd'hui les relieurs pour les étiquettes,
sur les dos des livres.

Comment, avec de telles données, de tels éléments n'a-t-on pas eu l'idée de la possibilité d'imprimer?

Un tel art, chose fort singulière, n'a été conçu

et appliqué que par les peuples qui, les premiers,
ont connu celui de graver sur bois, tels que les
Chinois au III° siècle de l'ère vulgaire, bien que le
père Duhalde, se fondant sur des écrivains de cette
nation, fasse remonter beaucoup plus haut cette
découverte, mais à une époque où le papier n'était
pas encore connu dans le céleste empire, et ceux
qui l'ont inventé en Europe, vers le commencement du XV° siècle, comme s'il y avait une espèce
d'affinité secrète entre cette sorte de gravure et
la typographie ; c'est pourtant là un fait que l'histoire de l'art a constaté de manière à le mettre à
l'abri de toute critique ; son explication seule est
abandonnée à la méditation, comme à la discussion des savants.

Ainsi, chez les Chinois, la typographie, qui n'est
autre chose que la *xylographie tabellaire*, n'a été
connue qu'après la découverte de l'art qui enseigna
à ce peuple stationnaire l'application du procédé
par lequel on multiplie un texte au moyen de
planches de bois dont chacune porte une page seulement de ce texte, gravé ou plutôt sculpté en
relief, en sens inverse, avec le burin ou tout autre
instrument en fer ou en acier, aigu ou tranchant.

C'est encore de cette manière qu'ils impriment
aujourd'hui leurs livres qui, au dire des voyageurs,
coûtent cependant vingt fois moins que ceux qui
sont fabriqués en France.

9

Ainsi, en Allemagne, les ouvriers appelés tailleurs de moules de cartes ont commencé, suivant les meilleurs critiques, tels que Prosper Marchand, le baron de Heinecken, de Murr, à graver par le même procédé leurs figures sur des planches de bois, vers 1350, pour s'épargner la peine de faire le dessin de chaque carte en particulier, sauf à les colorier ensuite à la main ; c'est là sans doute la première application faite en Europe de la gravure sur bois, pour avoir des épreuves ou empreintes ; genre de gravure qui, incontestablement, a précédé celle sur cuivre, même l'imprimerie des livres, soit en planches gravées, soit en caractères mobiles de bois (1).

Voilà indubitablement le premier pas vers la typographie.

---

(1) Suivant l'opinion de M. *Duchesne aîné*, conservateur adjoint à la bibliothèque royale, qui n'a pas encore été sanctionnée par le temps et qui n'est d'ailleurs appuyée d'aucune découverte nouvelle propre à la faire prévaloir, les cartes seraient d'origine italienne et auraient été inventées, ce qui n'est pas nouveau, dans le XIVᵉ siècle, l'exemple le plus ancien qui existe étant le jeu peint par Jacquemin Gringonneur, pour le roi Charles VI, en 1392, ainsi que Jansen l'a fort bien dit avant lui et dès 1808. Voyez ses intéressantes observations sur les cartes à jouer, insérées dans l'Annuaire historique de 1837, pag. 212-213 et l'Essai sur l'origine de la gravure en bois, tome I, page 98.

Ainsi, la plus ancienne gravure connue sur bois, avec date certaine de 1423, celle de saint Christophe portant l'enfant Jésus, trouvée par le baron de Heinecken dans la bibliothèque des Chartreux de *Buxeim*, près de *Memmeingen*, en Bavière, et publiée par le savant de Murr, a précédé de quelques années seulement les premiers essais de l'art typographique, fixés généralement entre les années 1440 et 1450, soit que ces essais eussent lieu par le moyen de la xylographie ou gravure en caractères de bois fixes ou mobiles, ou avec lettres mobiles de fonte.

Ce que cette gravure ou estampe a de particulier, c'est qu'outre la date ci-dessus de 1423 (1), elle offre dans sa partie inférieure l'inscription suivante, en latin et en caractères gothiques minuscules, qu'on traduit ici en français :

« Chaque jour où tu regarderas l'image de saint » Christophe, ce jour-là tu ne mourras pas de *male-* » *mort.* »

Voilà donc la certitude qu'on a gravé sur bois des images et des lettres en 1423 (2) ; n'est-ce pas

---

(1) On annonce, dans ce moment, la découverte faite récemment à Malines d'une gravure sur bois portant la date de 1418 et qui aurait été acquise par l'administration de la bibliothèque de Bruxelles, au prix de 500 fr.

(2) Cette image de St-Christophe est conservée au cabinet des estampes de la bibliothèque royale.

là l'idée mère de la typographie? car les lettres composant cette souscription, devaient être sur le type producteur ou l'original, disposées en sens inverse pour donner des épreuves dans le sens direct, et si l'on se reporte un moment vers ce temps-là, et qu'on se souvienne surtout de l'empire que les idées religieuses exerçaient en général sur les populations, on sera convaincu, indépendamment du lucre, qui revenait à leurs auteurs, par leur propagation, que ces épreuves doivent avoir été innombrables, puisqu'il est bien démontré chaque jour par l'expérience, que tandis que le cuivre n'en donne guère au delà de deux mille pour les travaux délicats, et cinq à six mille pour ceux fortement creusés au burin; la gravure en bois, au contraire, peut en donner plus de cent mille et même, suivant Papillon, plus d'un million, sans que les planches soient hors d'état de servir (1).

Le roi René, toujours plein de zèle pour la culture des beaux-arts et parfaitement au courant de leurs progrès, a pu fort bien avoir vu, ou peut-être

---

(1) Voyez Traité pratique de la gravure en bois par Papillon, in-8°, 1766. — Traité de l'origine de la gravure en bois, par *Jansen*, in-8°, 1808, tome I, pag. 45-46.—Traité complet de l'art de la gravure en tous genres, par *Perrot*, in-18, Paris, 1830, pag. 144-174.

avoir eu en sa possession, quelque exemplaire de
l'image de saint Christophe, ce qui aura pu lui
donner naturellement l'idée de chercher à l'imiter
ou à la surpasser, même dans l'application des
moyens mécaniques alors en usage pour des travaux de ce genre ; de là la conception qui l'a conduit à l'invention que l'on s'empresse de signaler
aujourd'hui aux amateurs de l'art, qui savent fort
bien que pour l'homme doué d'un génie vraiment
artistique, comme l'était à un degré si éminent cet
excellent prince, une seule occasion suffit quelquefois pour produire des œuvres très-remarquables
ou même surprenantes ; car le génie est comme ce
grain de poudre qui n'attend qu'un simple contact
pour s'enflammer et faire explosion.

Tantôt c'est un contemporain de René, c'est
Guttemberg lui-même persécuté par ceux qui ne le
comprenaient pas, exilé, accablé, déçu dans ses
espérances, privé du fruit de ses labeurs, man-
quant de tout, et dans son découragement, prêt à
tout abandonner, s'écriant douloureusement :

« Mon ami, mon fidèle ami, André Dritzehen,
est mort, lui le compagnon de mes travaux, celui
dont le courage ne s'est jamais démenti, dont la
persévérance n'a jamais failli, qui a traversé avec
moi tant de pénibles épreuves, travaillant le jour
et la nuit ; opiniâtre et confiant en Dieu, donnant
jusqu'à son dernier argent, se dépouillant..... Il

est mort, mort misérable et mort de misère, sans un drap pour le couvrir vivant, pour l'ensevelir mort!!!

» La condition que tu as subie, cher Dritzehen, est celle qui m'est réservée; et confondus dans les sentiments d'une affection réciproque, nos cœurs le seront encore dans le même malheur! Instrument dans la main de Dieu, tu as été brisé quand l'œuvre a été faite pour laquelle *tu étais bon!*

» Je quitterai cette ville, où je n'attends plus rien qu'un procès; ma patrie me recueillera-t-elle? Serais-je donc sous la puissance du démon? Saint Christophe! saint Christophe! que ton image me vienne en aide (1)! »

Tantôt c'est le Corrége, s'écriant à son tour, à la vue d'une œuvre de Raphaël: Je suis peintre aussi, moi!

Et dans un autre ordre, puisque tous les génies sont frères, c'est La Fontaine, devenu soudainement poëte à la lecture faite par hasard devant lui de l'ode de Malherbe sur la mort de Henri IV.

> Que direz-vous races futures,
> Si quelquefois un vrai discours
> Vous retrace les flétrissures
> De nos abominables jours?

(1) Voyez Histoire de l'invention de l'imprimerie par les monuments, par Duverger, *Paris*, 1840, 1 volume in-folio, page 10.

Si l'on se souvient que René acquérait une haute réputation dans la culture des beaux-arts, principalement dans la peinture, au moment où le Pérugin, le maître de Raphaël, et Léonard de Vinci étaient dans toute la force de leur talent, où venaient de naître le Bramante, Albert Durer et le Titien, on ne sera point surpris qu'il ait pris une si grande part au mouvement général des esprits de toutes les classes, qui dans ce siècle éminemment rénovateur (1) les poussait presque malgré eux dans toutes les parties vers un monde nouveau; et qu'il n'ait point été étranger à tous les progrès comme à tous les perfectionnements de son époque, soit par ses relations habituelles, non-seulement avec tous les hommes distingués du midi de la France, mais encore avec tous les savants et les artistes du Nord et de l'Italie qu'il voulait attirer près de sa personne, soit par les entretiens qu'il eut souvent avec la plupart d'entre eux.

_____

(1) On peut le dire en effet de ce siècle le plus fécond en grandes découvertes et en grands événements : l'imprimerie, la prise de Constantinople, l'emploi de la boussole sur mer, fixé par *Capmani* à 1403, l'usage des armes à feu, les mousquets vers 1432 et les bombes en 1450, la découverte de l'Amérique, l'établissement des postes, la peinture à l'huile, la gravure au burin, les cartes géographiques, etc., etc., tout cela appartient au XVe siècle.

Cet homme qui porta le sceptre a dit aussi,
soudainement inspiré comme le fut à la même
époque Guttemberg lui-même avec son idée fixe :

« Je veux avec ma seule plume, et par un procédé tout nouveau, tracer sur des tables de bois,
des figures, des lettres, tous les objets qui s'offrent
à la vue; je veux que tout cela y soit à jamais
gravé, soit en creux, soit en relief, et que divers
agents pris dans la nature, combinés entre eux, et
dont je connais bien les propriétés et la puissance,
soient soumis à mes calculs et forcés de suivre
sans jamais s'en écarter ces mêmes traits que cette
même plume a facilement tracés sur cette substance, de manière à produire presque instantanément, au jour et d'un seul jet, des pages entières
d'écriture, des portraits, des paysages, un sujet
ou une composition quelconque, etc., etc., tout
ce que l'on voudra, comme si tout cela sortait d'un
véritable moule. Je veux reproduire par milliers,
par centaines de mille, par millions, soit en entier, soit par parties séparées, tous ces objets dont
l'exécution, par les procédés ordinaires de la taille
ou de la sculpture aurait exigé des jours, des semaines, des mois, que sait-on? des années entières, et qui maintenant ne prendra que le temps
nécessaire pour les dessiner!!! A l'œuvre, j'ai vu
des cartes, j'ai vu des images gravées sur de petites planches de bois, et au bas de ces images,

des mots, des lignes entières gravées aussi, mais
en sens inverse de l'écriture ; déposons de l'encre
sur le fleuron en forme de vase ; sur cette encre
appliquons un carré de papier légèrement hu-
mecté, puis sur le tout frottons jusqu'à ce que le
papier devienne luisant ; relevons ce même papier,
qu'y voyons-nous ? l'image fidèle du fleuron qui
nous dit :

*Admotio chartæ illitum atramento, infinitè me re-
generat.*

« Imprégné d'encre, je suis reproduit à l'infini
» par l'application du papier. »

» Cette image est comme si le dessin venait d'en
être tracé, et ces mots comme s'ils venaient d'être
écrits. Merveilleux résultat de cet art tout nouveau
que nos pères n'ont pas connu, et qui recélant en
lui-même un autre art non moins merveilleux,
semble devoir, par la rapidité de ses applications,
prolonger en quelque sorte la vie humaine et doter une seule génération d'autant de puissance pour
produire, que pouvaient en avoir avant sa découverte toutes celles de dix siècles réunis ! ! ! »

Tel est à peu près le langage que dut tenir en
1443 celui qui, en venant d'inventer la nouvelle
manière de graver sur bois, qu'on pourrait appeler du nom de *pantaxyloglyphie* (qui grave tout,
rapidement, sur le bois), sut y découvrir encore,

par une sorte d'inspiration ou plutôt de divination, ce que nous appelons typographie ou l'art de reproduire les œuvres de la pensée. Peut-être sera-t-on moins étonné d'un tel résultat, lorsqu'en se reportant à cet époque, on verra quelle fut la persistance, la ténacité de l'illustre gentilhomme mayençais, dans les essais multipliés qu'il fit et qui ne furent pas toujours secrets, pour mettre en pratique avec les associés de sa gloire, Fust et Schoëffer, le bel art que son génie seul avait pu concevoir.

Suivant l'opinion commune, ce fut dès 1436 que Guttemberg, se trouvant à Strasbourg, s'en occupa sérieusement, pour ne plus le perdre de vue jusqu'à son entier perfectionnement, en 1455. Il y contracta à cet effet une association avec André Dritzehen et autres pour l'exploitation *de ses arts et secrets tenant du merveilleux*, ainsi que portent les registres de cette ville et parmi ces *secrets merveilleux*, tout porte à croire que se trouvait l'invention de l'imprimerie.

Ainsi, douze ans seulement séparent l'œuvre de René de celle de Guttemberg, dont les premiers essais devaient lui être connus, et si l'on songe aux rapides progrès que l'art typographique avait faits dans ce court espace de temps, on serait presque tenté de croire qu'il s'est écoulé plus d'un siècle. Mais ce dernier, avant d'arriver à un tel degré de perfection, avait dû faire une infinité d'épreuves et de maculatures, ainsi que le fait remarquer avec raison le savant Gabriel Naudé, dans son addition à l'histoire de Louis XI (1).

Depuis 1436 jusqu'en 1438, il est assez vraisem-blable qu'il n'employa pas d'autres procédés et moyens que ceux alors en usage, c'est-à-dire les caractères immobiles gravés ou plutôt sculptés sur des planches de bois. Mais il ne tarda point à les abandonner, puisque dès 1438, à ce qu'on croit gé-néralement, il substitua des caractères mobiles, aussi en bois, aux premiers (2), ce qui était déjà un pas immense dans son art. Une année plus tard, en 1439, un procès que lui intenta le frère de son principal associé, André Dritzehen, mort dans l'in-tervalle, et qu'il perdit, suspendit l'exécution de ses projets jusqu'en 1444 ou 1445, époque à la-quelle il vint se fixer à Mayence.

---

(1) Voyez Supplément aux mémoires de Ph. de Comines, Brux., 1713, in-8°.

(2) Voyez *Vindiciæ typographiæ*, par *Schœpflin*, Strasb., 1750, in-4°.

Fournier le jeune a essayé de réfuter cet auteur ; mais comment le faire avec succès à l'égard de pièces d'une incontestable authenticité?

Voyez aussi *Baër*, Lettres sur l'origine de l'imprimerie ser-vant de réponse aux observations de Fournier sur l'ouvrage de Schœpflin, *Paris*, 1761, in-8°.

Il paraît que c'est alors qu'il s'appliqua à faire usage de son nouveau procédé, en imprimant un abrégé du grammairien *Donat*, maître de saint Jérôme, alors fort en honneur et fort répandu dans les écoles; mais comme la taille et la sculpture des caractères mobiles en bois qui lui étaient nécessaires pour l'impression de ce livre exigeaient beaucoup de temps et non moins de patience, par le moyen seul connu et pratiqué, ce ne fut que plusieurs années après, et vers 1450, qu'il put enfin le faire paraître; ce qu'atteste invinciblement le fragment trouvé à Mayence, par Bodmann, et conservé à la Bibliothèque royale. Ce précieux monument de l'imprimerie xylographique, formant deux feuilles de parchemin, est de format in-4° à 27 lignes. Il couvrait un livre de comptes de 1451, ce qui fait supposer, ou plutôt ce qui établit nécessairement que le livre dont il avait fait partie était d'une date antérieure à cette époque ou à 1451 (1).

Tout indique que le Donat a été imprimé avec des caractères mobiles en bois; mobiles en ce qu'on en trouve de renversés, ce qui ne pourrait être si ces caractères avaient été fixes; en bois en

_____

(1) Voyez Histoire de l'invention de l'imprimerie par les monuments, par Duverger, pag. 13 et 15. — Essai sur les monuments typographiques de J. Guttemberg, par Fischer, *Mayence*, 1802, in-4°.

ce que ces mêmes caractères, ainsi que les traits qui les accompagnent sont beaucoup moins grêles et beaucoup moins déliés que ne le seraient certainement des traits et des lettres de fonte.

En 1450, Guttemberg, qui depuis longtemps avait aussi le projet bien arrêté de livrer à l'impression un ouvrage de plus longue haleine et d'une plus haute importance, forma une nouvelle société avec Jean Fust, et ce fut pendant sa durée que fut exécutée sa belle *Bible latine*, in-folio, dite *aux quarante-deux lignes*, sans date, nom de lieu ni d'imprimeur.

Il paraît qu'avant cette époque, cet homme, absorbé tout entier par son invention, qui trouvait apparemment que les moyens d'exécution pour la confection des caractères nécessaires à cette grande entreprise, ne répondaient pas assez vite à sa vive impatience, et retardaient indéfiniment la réalisation de sa pensée dominante, avait cherché à en découvrir d'autres plus propres que les premiers à le conduire promptement à son but. Ceux-ci avaient bien pu lui paraître suffisants pour l'impression du Donat; mais en pensant aux treize cents pages dont devait se composer une Bible en moyenne écriture, donnant environ deux millions de lettres, qu'il lui fallait tailler ou sculpter péniblement pour pouvoir venir à bout de son dessein, et qui même lui seraient inutiles pour imprimer d'autres ouvrages si elles n'étaient pas mobiles (1), il comprit que la chose était tout à fait impraticable, pour ne pas dire impossible, car la vie d'un homme, de plusieurs hommes mêmes, n'aurait pu suffire pour achever un tel travail ; c'est alors que faisant appel pour la deuxième fois à l'inspiration de son génie, il inventa d'abord les poinçons, puis les matrices, ces féconds conducteurs des caractères mobiles de fonte ; l'art typographique venait d'être créé ! ! !

Si le grand homme avait pu connaître le procédé de René, il est fort probable qu'il l'aurait adopté sans hésitation comme étant tout à la fois et plus expéditif et beaucoup moins dispendieux, ce qu'on comprendra facilement en pensant qu'au moyen de ce procédé qui n'exige presque aucun travail mécanique, une plume seule suffit pour tracer et graver en même temps à son courant les lettres isolées, les mots et les pages entières d'écriture, ce qui ferait de ce nouvel art, s'il était possible d'en pénétrer le secret, la typographie universelle et vraiment populaire ; car il suffirait de savoir écrire pour pouvoir l'exercer ! ! !

Art prodigieux qui serait pour la reproduction

---

(1) Voyez Duverger, Histoire de l'invention de l'imprimerie par les monuments, page 2 et la note au bas de la légende, planche IV.

de la pensée humaine et de tous les chefs-d'œuvre qu'en tout genre elle peut enfanter dans l'ordre matériel comme dans le domaine de l'intelligence, ce que les chemins de fer et les *wagons* sur les continents, ce que les bateaux à vapeur sur les fleuves et sur l'Océan, ces formidables agents de la rénovation sociale qui se prépare, sont aujourd'hui pour les communications habituelles et journalières entre tous les enfants de l'univers!!!

Cette Bible, si impatiemment attendue, et connue depuis sous le nom de *Bible Mazarine*, parut enfin ; c'était en l'année 1455. Ce beau livre, en plusieurs volumes, de format in-folio gothique, première production typographique exécutée avec des caractères de fonte (1), fut la cause d'un nouveau procès entre Guttemberg et son associé Fust, qui pour retirer les avances considérables qu'il avait faites pour terminer cette glorieuse entreprise, força le premier à abandonner son établissement avant la fin de la même année (le 6 novembre 1455), et conséquemment tout le matériel qui en dépendait. Ce qui le prouve sans réplique, c'est que la première production de la nouvelle presse établie à Mayence, par Guttemberg, fut imprimée avec

---

(1) Voyez Duverger, Histoire de l'invention de l'impr., par les monuments, page 13 et Fischer, Monum. typ. de J. Guttemberg, in-4°, 1802.

des caractères différents de tous les autres employés jusqu'alors dans cette ville.

Dans ses Essais sur les monuments typographiques de Guttemberg, Fischer prétend que cette Bible vit le jour plus tard, mais il résulte d'une note authentique, datée du mois d'août 1456, et qui existe à la fin d'un des volumes de l'exemplaire sur papier de la Bibliothèque royale, note que M. Fischer n'avait sans doute point vue, qu'Henri Cremer a achevé de l'enluminer et de le relier, ce qui reporte nécessairement la date fixe de son impression à l'année 1455 (1). C'est avec le matériel créé par Guttemberg, avant et pendant la deuxième association, que fut imprimé, de format in-folio, sur vélin, par Fust et Schoëffer, le magnifique Psautier ou *Psalmorum codex*, portant la date du 14 août 1457 (2). Tout porte à croire que son impression avait été commencée avant la séparation de Guttemberg et de Fust, et que les mêmes caractères qui avaient servi pour la Bible, furent employés pour le Psautier, puisque la ressemblance de ces

---

(1) Illuminata seu rubricata et ligata per *Henricum Albeh*, aliàs *Cremer*. — Voyez Duverger, Histoire de l'invention de l'imprimerie par les monuments, page 15. — Brunet, Man. du lib., tome I, page 324. Ce dernier appelle l'enlumineur *Cramer*, au lieu de *Cremer*.

(2) C'est le premier livre imprimé avec date certaine.

caractères est incontestable, ce qui pourtant n'a pas empêché plusieurs savants bibliographes, parmi lesquels M. Brunet tient le premier rang, d'émettre l'opinion que cette édition avait été imprimée avec des caractères de bois (1), ce qui n'est guère vraisemblable, car dans l'esprit de Guttemberg comme dans celui de ses associés, l'invention des caractères mobiles de fonte était un véritable perfectionnement, un progrès fort remarquable de l'art typographique, exercé d'abord par eux avec des caractères mobiles de bois, taillés et sculptés à grand'-peine et après un temps infini, capable de lasser la patience des plus intrépides ; et ils seraient revenus à leur premier point de départ. Ce n'est point assurément ainsi que procède ordinairement l'esprit humain, et le génie surtout ne rétrograde jamais ; d'ailleurs, comme, suivant l'opinion générale, le Psautier a été réimprimé quatre fois avec les mêmes caractères, en 1459, 1490, 1501, 1516, il faudrait, pour être conséquent, dire aussi de ces éditions qu'elles ont toutes été imprimées avec des caractères de bois ; et certes, ne faudrait-il pas beaucoup de hardiesse pour oser exprimer une telle assertion (2) ?

(1) Voyez Brunet, Man. du lib., tome III, page 858.
(2) Voyez l'article *Fust* de la Biographie univ., par M. Beuchot, qui cite Lambinet, *Origine de l'imprimerie*, tome XVI, page 204, à la note.

Outre les monuments exécutés sur bois, dont on a parlé plus haut, il en existe encore beaucoup d'autres publiés en Hollande, que les bibliographes s'accordent généralement à regarder comme le berceau de ces sortes d'éditions xylographiques tabellaires, et en tête desquels on peut placer le *Speculum humanæ salvationis*, imprimé, à ce qu'on croit, dès l'année 1420, ou au plus tard de 1430 à 1439; M. Brunet paraît adopter cette dernière opinion comme étant celle qui réunit en sa faveur le plus de probabilité (1).

Viennent ensuite *Historiæ veteris et novi Testamenti*, ou *Biblia pauperum, Historia sancti Joannis, Ars moriendi, Ars memorandi*, etc., etc.; toutes ces éditions, petit in-folio, ne sont point *opisthographes*, c'est à-dire que les feuillets dont elles se composent ne sont imprimés, comme les livres chinois, que d'un seul côté.

René, toujours au courant de tout ce qui pouvait intéresser les lettres et les arts, dut sans doute connaître de bonne heure la plupart de ces productions xylographiques tabellaires, et chercher même à s'en procurer avec autant de soin et de zèle qu'il en mettait à acquérir des manuscrits dans toutes les langues qui lui étaient familières, telles que

---

(1) Voyez Manuel du lib., tome IV, page 324.

l'hébreu, le grec, le latin, l'italien, etc., etc., et
dont il ornait ses *librairies* ou bibliothèques existant, soit en Provence, soit en Anjou, et, sous ce
rapport, la reconnaissance publique pourra-t-elle
jamais oublier que c'est à ses recherches qu'elle est
redevable d'un des plus intéressants monuments
de notre histoire, la Chronique de saint Louis par
le sire de Joinville, précieux recueil qu'il ne put
se procurer très-probablement qu'à force d'argent
et de peine ?

Peut-être sera-t-on tenté de demander comment
il a pu se faire, qu'ayant sous les yeux des monuments qui l'initiaient en quelque sorte à des procédés nouveaux qui, par leur célérité et les avantages
qui en résultaient, devaient naturellement lui faire
abandonner la culture de la calligraphie, et, bien
plus, qu'ayant lui-même inventé le nouvel art qui
le dispensait de prendre tant de peines pour la re
production de ses œuvres, il ait néanmoins conti-
nué à s'en occuper jusqu'à la fin de sa vie, et au
moment même où l'art typographique venait d'être
découvert de 1449 à 1457 ; ce qu'attestent le livre
des Tournois, existant à la Bibliothèque royale
sous le n° 8352 en un volume in-4°, sur papier
grossier, avec de nombreux dessins et entièrement
de la main de René, et le volumineux roman,
connu sous le titre de *la bien doulce mercy, au
cœur épris*, autre manuscrit conservé à la même

bibliothèque sous les n°s 36-2811, formant aussi un
superbe volume in-4°, en vélin, de cent trente-huit
feuillets, avec des vignettes et des miniatures d'une
délicatesse surprenante?

La réponse à ces objections sera facile.

On sait en général que l'homme, quel qu'il soit,
ne renonce pas tout à coup aux habitudes de toute
sa vie, et René, moins que personne, n'était dis-
posé à abandonner celles qui pendant si longtemps
avaient fait la consolation et le charme de la sienne ;
surtout quand on songe que l'imprimerie n'était
encore à cette époque qu'une innovation dont les
succès furent contestés principalement par ceux
qui, par état ou par intérêt, étaient nécessairement portés à la combattre ou à la discréditer,
comme devant être la cause éloignée ou prochaine
de leur ruine. On veut dire cette nuée d'écrivains,
de copistes, moines ou autres, qui, au nombre de
plus dix mille à Paris seulement ou aux environs,
ne vivaient que du produit de leur plume (1), classe
influente, remuante et redoutable, qui faillit, dans
cette ville, faire payer cher au malheureux Fust,
la vente de quelques exemplaires de la Bible de 1462,
qui furent regardés, à cause de leur parfaite iden-
tité et de leur entière ressemblance, comme le

(1) Voyez *Villaret*, Hist. de France, édit. in-4°, Paris, 1770,
tome 8, pages 404-405.

produit d'une coopération véritablement diabolique, qui ne pouvait, dans ce temps superstitieux, être expiée que par le supplice réservé aux sorciers ; rumeur conçue et répandue à dessein par la malveillance, aux yeux de qui tous les moyens sont bons à exploiter pour nuire, et qui, au dire de Gabriel Naudé et de Durrius, acquit assez de consistance pour forcer le malencontreux propriétaire de la Bible à prendre la fuite (1), bien qu'il n'en eût présenté les exemplaires à ses acheteurs que comme de simples manuscrits, et sans leur dire un seul mot du nouvel art auquel il les devait (2).

Ce qui porte naturellement le répondant à demander à son tour, si une classe d'artistes quelconque de notre époque infiniment plus avancée sous tous les rapports que celle où vivait Jean Fust, apprenait tout à coup qu'un nouvel art vient anéantir celui auquel ils doivent pour la

---

(1) Voyez *Apologie pour les grands hommes soupçonnés de magie*, Amst., petit in-8°, 1712. — *Epistola de Joanne Fausto*, 1676.

« Sans la protection de Louis XI et de la Sorbonne, l'im- » primerie en naissant était étouffée à Paris. V. Dictionnaire » infernal, au mot Jean Faust, page 211. »

(2) Fust fournit lui-même de puissantes armes à la malveillance en vendant à divers prix les exemplaires de sa Bible, et les poursuites exercées contre lui à cette occasion n'eurent pas d'autre cause.

plupart leur existence, leur bien-être, leur réputation, ou même leur célébrité, et se mettre par la simplicité de ses procédés à la portée de tout le monde ; croit-on de bonne foi que de tels intérêts menacés, et qui, dans tous les temps, furent et seront toujours implacables, ne les porteraient point à empêcher par tous les moyens possibles la propagation d'une telle nouveauté ; fallût-il recourir à la calomnie, au mensonge, à l'imposture, voire même à l'invention de la sorcellerie, de la magie et de tous les artifices de la science cabalistique, quoique dans le siècle des lumières, pour nuire à son inventeur et le discréditer ?

Tout le monde répondrait sans doute que rien n'est plus naturel, et qu'on serait au contraire fort surpris que les choses ne se passassent point ainsi ; car les hommes en général, mus par leurs intérêts et par les passions qui en sont inséparables et qui ne raisonnent jamais, sont toujours les mêmes, quels que soient d'ailleurs les temps et les lieux.

Quant à l'application que René aurait pu faire de son invention, soit à la calligraphie, soit au dessin et à l'écriture usuelle, quoiqu'en l'état il n'existe qu'une bien faible partie de celle qu'il a faite sur les tables de bois, composant sa grande *charte* des priviléges de la ville de Sisteron, il n'est pas pour cela démontré que là seulement se soient bornés ses essais xylographiques, il a pu y en avoir, comme il peut en exister encore beaucoup d'autres. Les uns auront disparu ou auront été détruits, et les autres peuvent être ensevelis dans la poussière de quelques anciennes archives ou bibliothèques, d'où le hasard peut quelque jour les faire sortir en tout ou en partie comme le livre des Priviléges, de la bibliothèque poudreuse du dernier prévôt de la cathédrale de la même ville, ou, comme il y a peu de mois, des archives de *Gray* (Haute-Saône), la *Charte du roi Jean-Sans-Peur*, duc de Bourgogne, du 5 avril 1418, par laquelle ce prince octroyait différents priviléges aux bourgeois de cette ville.

Ne sait-on pas que ce prince (René), parvenu à l'âge mûr et profondément dégoûté de tout ce qui pouvait lui rappeler le souvenir d'une grandeur sitôt évanouie, sut sagement borner toute son ambition à exceller dans les arts, à cultiver avec succès les sciences et les lettres, et, ce qui était encore pour lui la plus douce des jouissances, à rendre ses peuples heureux; que dans le loisir que lui avait fait l'adversité, il trouva assez de temps pour satisfaire ses goûts artistiques sans nuire à ses devoirs de souverain?

C'est ainsi qu'il entreprit et acheva une foule de compositions plus ou moins considérables, dont malheureusement il ne reste plus qu'un vague souvenir: telle était une description étendue de la Provence, pays pour lequel il eut constamment,

comme on sait, une prédilection touté particulière ;
travail important dont il ne reste pas, ou du moins
dont on ne connaît pas la moindre trace , pas plus
que de beaucoup d'autres tout aussi regrettables.
Cependant tout espoir d'en retrouver quelque lam-
beau ou fragment ne doit point être perdu, ni
abandonné, peut-être pourrait-on encore découvrir
quelques renseignements ou indications sur quelques-unes d'entre elles parmi les livres imprimés ,
ou plutôt dans quelques-uns des manuscrits soigneusement explorés et examinés et conservés à la
bibliothèque d'Aix ; dont le nombre n'est porté par
un savant bibliographe, M. Haënel, qu'à 710, en y
comprenant même ceux provenant du cabinet de
M. de Saint-Vincens (1), quoiqu'il soit bien reconnu
que ce nombre est réellement bien plus considérable (2).

Si la passion de René pour les livres l'avait porté
à se procurer de bonne heure les premières impressions tabellaires , son zèle ne dut point sans
doute se ralentir pour l'acquisition des éditions in-

---

(1) Voyez Catalogi librorum manuscriptorum qui in bi-
bliothecis Galliæ asservantur, à *D. Gustavo Haenel*, Lipsiæ,
1830, grand in-4°, pag. 2 et suiv.

(2) Voyez la remarquable Notice sur la bibliothèque
d'Aix , par M. Rouard, Aix, Pontier, 1831, in-8°, pag. 153
et suiv.

cunables, ou des premiers temps de l'imprimerie,
lorsque ce grand art eut atteint ce haut degré de
perfection qui le propagea si rapidement dans
presque toutes les contrées de l'Europe. On peut
bien dire, sans craindre de se tromper, que ce
zèle ne dut être ni moins éclairé, ni moins ardent
que celui de son beau-frère et véritable ami qui le
consultait souvent, Charles VII, roi de France,
dont on a dit avec raison qu'il ne fut que le témoin
des merveilles de son règne (1), et qui, dès l'année
1458, avait cependant conçu le projet, peut-être
d'après les conseils de René lui-même, d'envoyer
quelqu'un à Mayence pour y apprendre l'imprimerie, ayant su que Guttemberg, chevalier, y
avait inventé cet art (2).

On sait que le choix tomba sur l'illustre typographe Nicolas Jenson, à qui la mort de ce monarque, arrivée en 1461, ne permit point de donner
suite à ce projet, et que ce ne fut que huit ans plus
tard que la première presse fut établie à Paris par
les soins de Guillaume Fichet et de Jean Delapierre,
docteurs en théologie de la Faculté de cette ville.

---

(1) Voyez *Abrégé chronologique de l'hist. de France*, sous
l'année 1461, par le président Hénault, ou plutôt par le savant abbé Boudot.

(2) Voyez *Jansen*, Origine de la gravure en bois, tome I,
page 230.

C'est un fait acquis à l'histoire littéraire de Provence que René avait fondé à Aix une très-riche bibliothèque, assortie de toutes sortes de volumes curieux, parmi lesquels figuraient au premier rang les éditions incunables, ou premières productions de l'art typographique, ainsi que l'atteste un écrivain respectable, dont les recherches consciencieuses méritent toute confiance, M. Antoine Henricy (1), précieux dépôt qui malheureusement, après la mort de ce prince et de Charles d'Anjou, son successeur (1480-1481), fut entièrement dispersé, de telle sorte que, dès 1631, ainsi que nous l'apprend le célèbre Peyresc, il n'en restait absolument rien qui valût la peine d'être cité.

C'est un fait non moins incontestable que tous les monuments xylographiques tabellaires ou autres, soit pour la fabrication des cartes, ou pour l'impression des livres, quels que soient d'ailleurs le pays et le temps de leur invention, soit pour la reproduction des figures ou images de saints, depuis 1423, deuxième époque de la véritable gravure, ou plutôt de la sculpture sur bois jusqu'à Albert Durer, et depuis ce célèbre artiste jusqu'à l'époque

(1) Voyez la Notice sur l'origine de l'imprimerie en Provence, in-8° de 43 pag., Aix, Pontier, 1826, pag. 3-4.
(2) Voyez la lettre de Peyresc à Fabry-Borelly, du 10 septembre 1631.

actuelle, tous ces monuments, disons-nous, et sans en excepter aucun, ont été faits et exécutés à l'aide d'outils ou d'instruments en fer ou en acier plus ou moins aigus ou tranchants, tels que pointes ou couteaux, fermoirs ou ciseaux simples, à biseau, à nez rond ou pointu, remplacés récemment par le bute-avant, pour évider les planches de bois gravées et dégager le travail de l'artiste, trusquins pour tracer des lignes parallèles et graver des tailles bien droites, marteaux, maillets, grattoirs ou racloirs, etc., etc. On peut en voir l'énumération détaillée, formant l'attirail dont doit être muni tout sculpteur en bois, dans le Traité pratique de la gravure en bois par *Papillon* (1), qui, en outre, recommande aux artistes d'être toujours pourvus d'une mentonnière destinée à empêcher l'haleine de mouiller le bois sur lequel ils travaillent, ce qui pourrait le faire déjeter.

Ce traité, du moins le deuxième volume, est et sera pendant longtemps encore un livre classique, pour ce genre de gravure; il sert de guide à quiconque entreprend d'écrire sur ce bel art, ou de le

---

(1) Voyez Traité historique et pratique de la gravure en bois, par J. M. *Papillon*, Paris, 1766, 2 vol. in-8°, fig.

La seule partie pratique de cet ouvrage le fait beaucoup rechercher des artistes et des amateurs, la partie historique étant fort médiocre.

mettre en pratique, quoique en l'état il soit si difficile de le faire avec un plein succès, ce qu'atteste
le nouveau Manuel du graveur par M. Perrot (1).

Dans ce dernier ouvrage, outre l'exposition de la
méthode ancienne de Papillon, pour l'exécution des
planches de bois, on trouve encore une analyse de
la nouvelle qui est toute récente et qui a été portée
par les artistes anglais et par quelques-uns de nos
compatriotes au plus haut degré de perfection, mais
toujours par le moyen de la taille.

Ce nouveau genre de gravure sur bois a beaucoup plus de rapport qu'autrefois avec la gravure
en taille-douce; on ne fait plus usage de la pointe
et on la remplace par des échoppes et des burins
de diverses espèces. On coupe le bois absolument
comme on le fait du cuivre, avec cette différence,
que dans la gravure sur métal on creuse la taille
elle-même, et dans la gravure en bois, on creuse
les entre-tailles, et que l'on dégage ainsi en relief,
les parties qui doivent être reproduites par l'impression, tandis que l'on abaisse les parties blanches.

Les outils qui servent à ce genre de travail, sont:
un châssis en bois dur avec deux vis qui servent à
fixer le morceau de buis, sur lequel on doit graver;

(1) Voyez *Traité complet de l'art de la gravure en tous
genres*, 1 vol. in-18, Paris, 1830, fig., pag. 203-204-205.

ce bois seul est employé pour la gravure actuelle, mais au lieu de travailler sur des planches en suivant le fil du bois, on grave sur des tronçons de bois-debout, qui doivent être choisis avec le plus grand soin, en bûches de moyenne grosseur, d'une couleur jaune rougeâtre, ne présentant ni nœuds, ni aubais, ni gerçures ; enfin, bien sain et surtout bien sec.

Les burins et les échoppes sont plus courts que ceux des graveurs sur cuivre ; les burins de forme losange sont préférables aux autres ; on se sert encore d'un burin-échoppe, nommé langue de chat, qui est réservé pour les travaux les plus délicats et les plus serrés.

On emploie encore divers autres outils pour évider le bois, dégager les parties gravées et creuser les grandes parties blanches.

La théorie de ce genre de gravure est absolument la même que celle de la taille-douce, ce sont les mêmes principes, les mêmes conditions, le même but, les moyens d'exécution sont seuls différents.

Cependant la gravure sur bois, d'après cette nouvelle méthode, offre, comme l'ancienne, de très-grandes difficultés pour la taille, surtout pour obtenir des hachures croisées en tous sens, comme on le fait sur le cuivre, ce qui nécessite une étude particulière, de l'arrangement, des tailles et du parti que l'on peut tirer de leur plus ou moins grande épaisseur, ou de leur plus ou moins grand écartement.

On ne parlera point ici des nouveaux procédés imaginés tout récemment par MM. *Frantz* et *Straker*, pour faire des reliefs sur le bois, à l'aide de moules en fonte et en acier qui, appliqués à froid ou à chaud sur cette substance, agissent sur elle à peu près comme les emporte-pièces ; moyens qui font encore mieux ressortir tout à la fois les difficultés que présente en l'état, l'art de la gravure sur bois et toute la supériorité de l'invention de René, sur tous les procédés connus jusqu'à ce jour.

Après avoir exposé toutes les difficultés, tous les obstacles, quelquefois insurmontables qu'oppose au sculpteur cette sorte de gravure, notamment lorsque le bois, tel que le buis, est *noueux* ou qu'il s'agit de tracer des cercles, des lignes courbes ou ovales, de faire des tailles circulaires ou spirales croisées par d'autres tailles courbes et tournantes ; d'exécuter d'une manière nette les entre-tailles, contre-tailles, courbes, circulaires et obliques, doubles, triples, quadruples, etc., etc., Papillon ajoute :

« Les anciens graveurs en bois ont fait jusqu'à cinq et six tailles ou contre-tailles, croisées les unes sur les autres, dans des morceaux véritablement assez grands pour qu'on pût les distinguer. Ces contre-tailles ne pouvaient et ne peuvent se faire au bout de la pointe ; c'est-à-dire de fantaisie, comme l'on fait maintenant les secondes tailles ou contre-tailles ordinaires, d'autant que d'une part, toutes les coupes croisées se confondraient ensemble et qu'on ne pourrait les distinguer facilement, et que de l'autre les recoupes qui y conviendraient, feraient partir sans doute aussi bien qu'elles un grand nombre de croisés et autres traits des contre-tailles ; accidents et fautes irréparables qui les rendraient toutes *pouilleuses*. Il faudrait donc, dans le cas où l'on voudrait faire cinq ou six tailles les unes sur les autres, les tracer et dessiner à l'encre sur la planche, comme ont fait les anciens maîtres, et les travailler commé je vais le dire, etc., etc.

» Pour moi je ne puis trop admirer et ai même peine à concevoir la grande patience et l'habileté étonnante que les graveurs, tels que les Albert Durer, les Lucas, les Vichem et autres, ont eue à couper bien vif tous les petits espaces blancs, produits par la multitude des tailles mises les unes sur les autres, sans que toute leur longueur fût interrompue par le moindre défaut, comme si toutes les coupes eussent été faites d'abord transversales, c'est-à-dire comme dans toute la longueur de chaque contre-taille, d'un même coup de pointe, les unes sur les autres, comme j'ai déjà dit, des se-

condes tailles ou contre-tailles ordinaires et sans les
ébrécher, d'autant plus qu'ils ne gravaient cela que
sur du cormier ou du poirier, moins dur, comme
on sait, que le buis, et attendu qu'il n'était pas
possible de trouver de ce dernier bois, des planches assez grandes pour exécuter les morceaux
où ils pouvaient faire entrer tant de tailles ou de
contre-tailles, les unes sur les autres; cela sur-
prendra quiconque connaît l'excessive difficulté de
les graver proprement et sans défauts. »

Voilà donc le témoignage irrécusable d'un homme
qui fut généralement reconnu pour le plus habile
graveur en bois de son époque (1), qui révèle tout
ce que cet art oppose d'obstacles et de difficultés, que
le temps, la patience, l'adresse, le plus rude labeur ont bien de la peine quelquefois à surmonter;
pourrait-on dès lors être surpris, si tant de grands
maîtres dans la peinture, le dessin, la sculpture, à
commencer par Albert Durer lui-même, dont le
génie heureux, initié dans le secret de tous les
arts, surpassa dans toutes les parties qui s'y rattachent, tous les artistes de l'Allemagne, ont dédai-
gné la xylographie, ou plutôt n'ont pas osé s'y

(1) Rien ne fait plus d'honneur à Papillon, que les culs-de-
lampe qu'il fit conjointement avec Nicolas Lesueur, pour la
belle édition in-folio des Fables de La Fontaine, *Paris*, 1755-
1759, 4 vol., fig. d'Oudry.

livrer, comme ils l'auraient fait sans doute si ce genre de gravure, par les procédés connus, n'eût été un travail lent, pénible, purement mécanique et par conséquent incompatible avec le haut talent, de nobles occupations, et surtout avec les élans et la fougue du génie, ce don du ciel, si rarement départi à l'homme, puisqu'il est une émanation de la divinité ?

Cela est si vrai, qu'après la découverte même de la gravure sur cuivre, postérieure à celle sur bois, et qui offrait aussi dans la pratique de grandes difficultés, mais toutefois bien moindres que la dernière, les artistes les plus célèbres, ceux formant comme l'élite de la peinture, éprouvèrent tous la même répugnance à s'y livrer et à la cultiver, quoique tous aussi, et cela était fort naturel, désirassent cependant, avec ardeur, de voir reproduire et multiplier leurs chefs-d'œuvre au moyen de ce bel art (1).

Ainsi, suivant l'ordre des temps, on vit successivement quelques belles compositions de Mantégna, d'Albert Durer, du Titien, de Raphaël, de Michel-Ange, reproduites par Andriani, Guldemund, Rœsch, Raimondi, Cort, Pentz, da Trento, Hugo de Carpi, etc., etc.

---

(1) Voyez *Jansen*, *Origine de la gravure en bois*, tome I, page 34.

11

La plupart de celles de Rubens, par Jégher, son ami, dont il dirigeait lui-même les travaux ainsi que ceux de plusieurs autres habiles graveurs, parmi lesquels on peut citer les frères Bolswert, Vosterman, Ponthius, etc., etc., qui gravaient sous ses yeux et qu'il voulait forcer de devenir peintres, pour s'identifier encore mieux avec lui et le reproduire, en quelque sorte, avec toutes les beautés de son talent et de son génie.

Ce grand artiste avait bien jugé que dans la peinture, comme dans la poésie, le génie ne peut être reproduit que par le génie lui-même, et que le plus grand talent, s'il n'est point animé par ce souffle divin qui vivifie tout, reste impuissant pour exécuter avec succès une œuvre semblable.

Aussi combien, en général, les plus belles gravures sont loin de donner une idée juste des compositions originales, qu'elles sont destinées à représenter lorsqu'elles ne sont point le propre ouvrage de leurs auteurs, et s'il y a si peu de graveurs dont le génie se rapproche de celui du peintre qu'il veut imiter par son art, que doit-on penser de celui qui entreprendrait d'étendre cette imitation jusqu'à deux ou plusieurs artistes différents?

Ce n'est point assez pour lui de suivre les contours tracés dans le tableau qu'il traduit et d'en exprimer les lumières et les ombres, il doit encore faire sentir la manière du maître et son pinceau; tout son travail doit changer quand il cesse de graver le même peintre , il faut qu'on ne connaisse plus la manière de graver et qu'on reconnaisse le génie du maître ; les travaux qui rendront bien un tableau de Raphaël, ne conviendront pas pour graver un tableau du Corrége ; Rubens ne doit pas être gravé comme Carrache, Lanfranc comme Piétro de Cortonne, ni Rembrandt comme le Titien ; une estampe doit rendre le dessin , l'esprit et le fini du peintre (1).

On peut juger d'après ces considérations, qui ne sont au reste que la simple expression de ce qu'enseigne chaque jour l'expérience, que s'il y a si peu de compositions originales dignes de figurer parmi les chefs-d'œuvre de la peinture , il doit en exister encore bien moins parmi celles qui sont destinées à les reproduire au moyen de la gravure, puisque, pour réussir dans ce genre d'imitation , il est presque impossible que le même artiste réunisse toutes les conditions et les qualités dont le concours est cependant indispensable pour atteindre ce but.

Il en est de la peinture comme de la poésie, *ut*

(1) Voyez l'article gravure de *Lévesque*, membre de l'ancienne académie des inscriptions et belles lettres, dans le Dictionnaire des arts, peinture, gravure, sculpture, *Paris*, 1792, 2ᵉ édit., 5 vol., in-8°, par *Watelet*.

pictura poesis (1), et il serait aussi difficile de voir
des gravures réunissant au même degré de mérite
les beautés des chefs-d'œuvre du Titien, de Raphaël, de Michel-Ange et de Rubens, ces vrais
princes de l'art, que de trouver des traductions
exprimant toutes celles des poëmes d'Homère et de
Virgile, ces deux rois de la poésie, car les graveurs
ne sont réellement que des traducteurs et jusqu'ici
malheureusement ni les uns ni les autres n'ont fait
oublier le fameux dicton que se plaisait à répéter si
souvent le poëte d'*Outre-Manche*, lord Byron : *tra-
duttore, traditore.*

Il est bien démontré par tout ce qui a été dit ci-
dessus que ce sont les difficultés que les peintres
ont rencontrées dans l'exercice ou la pratique de
la gravure, par les procédés connus, qui les ont
empêchés de cultiver cet art ; et la triste conséquence de ce dégoût de leur part a été ou la
perte d'une infinité de compositions parmi lesquelles on aurait pu compter nombre de vrais
chefs-d'œuvre, ou la réduction à l'unité de presque
toutes les autres.

Ainsi le célèbre tableau de la Cène de Léonard
de Vinci, devenu méconnaissable par l'action du
temps et les outrages des hommes, serait à peu

---

(1) Hor. op., *de Arte poetica*, Parisiis, 1828, Didot, 1 vol.
in-64, p. 222, v. 361.

près perdu pour l'art et pour la gloire de son auteur, sans la belle gravure de Morghen, qui le reproduit, et dont la planche, à laquelle cet habile artiste doit principalement sa renommée, lui coûta six années de travail.

Ainsi la fameuse Cène du Titien, fruit de sept années d'études et qu'il déclarait son meilleur ouvrage même après son Assomption, a disparu pour jamais et il n'en existe qu'une mauvaise gravure sortie de l'atelier de Bertelli.

Ainsi plusieurs beaux plafonds de Raphaël, détruits ou dégradés par le temps, n'ont été conservés que par les gravures de son ami, Marc-Antoine-Raimondi, qui nous rappellent une partie de leur beauté et nous donnent une idée de ces magnifiques peintures qui sans ce secours étaient perdues pour nous sans retour.

Ainsi le célèbre Carton de la guerre de Pise de Michel-Ange, qui lui acquit la réputation du premier de tous les dessinateurs, disparut dans les troubles de Florence, et si on peut s'en former une idée ce n'est qu'à la vue de deux de ses fragments, gravés par le même Raimondi.

Ainsi une des plus belles productions de Rubens, représentant Job sur son fumier écoutant sans s'émouvoir les invectives de sa femme, ayant été consumée dans le bombardement de Bruxelles, en 1695, par le maréchal de Villeroy, n'a été qu'incomplétement conservée par une esquisse de ce grand peintre et une gravure devenue fort rare de Vosterman.

Ainsi les magnifiques peintures du même artiste qui ornaient trente-six plafonds de la belle église des Jésuites d'Anvers, construite sur ses propres dessins, ont péri dans un incendie causé, en 1718, par le tonnerre, et n'ont dû leur insuffisante conservation qu'aux gravures de Preisler.

Le temps, les guerres, les accidents imprévus et si nombreux anéantissent donc chaque jour à jamais les sublimes productions du génie, sans qu'il y ait possibilité de réparer leur perte, et comme les chefs-d'œuvre de l'art sont tous, à quelques exceptions près, bornés à un seul exemplaire, n'y a-t-il pas lieu de s'effrayer en pensant à la disparition successive et dans un temps plus ou moins éloigné qui menace encore ceux qui jusqu'ici ont échappé à tant de causes de destruction?

C'est également ainsi que sont à jamais perdues pour nous les plus belles compositions des plus grands peintres de l'antiquité, dont l'histoire nous ait transmis le nom et le souvenir : Panœnus, frère de Phidias, le célèbre statuaire, connu par son tableau de la fameuse journée de Marathon, où, suivant Pline, on pouvait reconnaître les généraux Miltiade, Cynégire, parmi les Athéniens, Datis et Artaphernes, parmi les Perses; Polygnote de Thasos, qui peignit les événements de la guerre de Troie, dans un seul tableau ; Apollodore d'Athènes qui trouva le secret de représenter la nature dans sa plus grande beauté, par la correction du dessin, l'entente du coloris et du clair-obscur et la distribution des ombres et des lumières, mal observées jusqu'à lui ; Zeuxis, l'auteur de Pénélope, d'Hélène, aux pieds de laquelle on lisait ce passage d'Homère : *Il n'est pas étonnant que les Grecs et les Troyens aient tant souffert pour une si rare beauté*, et de cet athlète, accompagné de cette inscription : *On l'admirera plus qu'on ne l'imitera ;* Parrhasius, rival de Zeuxis, célèbre par son soldat, pesamment armé, volant au combat, respirant dans toute sa personne l'ardeur, le courage et le désir de vaincre, et par le *Demos*, où se trouvait représenté le peuple d'Athènes, avec son caractère bizarre, injuste, inconstant et tout à la fois humain, clément, sensible à la pitié, mais fier, hautain, féroce et quelquefois bas et timide ; Timanthe, peintre du sacrifice d'Iphigénie, le plus bel ouvrage de son époque, où l'artiste, désespérant d'exprimer la poignante douleur d'Agamemnon, ce roi des rois, père de l'innocente et auguste victime, lui voilait le visage ; Apelles, l'ami d'Alexandre, qu'il représenta lançant la foudre dans le temple de Diane à Éphèse, chef-d'œuvre qui fit dire qu'il y avait enfin deux *Alexandres*, l'un *invincible*, fils de *Philippe*, et l'autre *inimitable*, fils d'*Apelle*, qui fut aussi l'auteur de Vénus-Anadyomènes, tableau non moins fameux, objet de l'admiration des peintres qui vinrent après lui ; existant encore à Rome du temps de Néron dans le temple de César et dont le sujet a été traité si admirablement par le Titien, que Philippe III, roi d'Espagne, se consola de la perte de son magnifique palais du *Pardo*, détruit, en 1608, par un incendie, en apprenant que la Vénus de ce célèbre peintre avait été sauvée !

Protogènes, qui désarmait les conquérants et dont le plus fameux tableau, qui lui coûta sept années de travail, représentant le grand chasseur Jalysus, fils du Soleil et fondateur de Rhodes, fut placé à Rome, dans le temple de la Paix ; enfin Aristide, auteur d'un tableau qui représentait le sac d'une ville prise d'assaut, où l'on voyait une mère blessée et mourante, son enfant près d'elle, se traînant vers son sein pour prendre un peu de nourriture et la mère paraissant craindre qu'il ne suçât le sang au lieu du lait déjà tari par l'approche de la mort ; chef-d'œuvre que dans son admiration Alexandre le Grand fit transporter à Pella, sa patrie ; ce célèbre artiste avait aussi peint le fameux tableau de Bacchus, transporté à Rome, dans le temple de Cérès, et sur lequel, durant le sac de Corinthe, des soldats romains jouaient aux dés, suivant le rapport de Polybe, cité par Strabon.

On le demande, l'art pourrait-il jamais se consoler d'être privé, sans retour, du Saint-Jérôme, de la Trinité, du Saint-Pierre martyr, de l'Assomption, du Titien ; du Jugement dernier (1), du Crucifiement, de Michel-Ange ; de la Transfiguration, de l'école d'Athènes, du Saint-Michel terrassant le démon, de Raphaël ; de l'Assomption de la Vierge et de la Descente de croix de Rubens, et de tant d'autres compositions, qui, sans les égaler, témoignent toujours de l'élévation, de la vigueur, du tour noble et gracieux, qui distinguent si bien les grands maîtres ?

De quel nom pourrait-on donc appeler le nouvel art, qui sans autre travail mécanique que celui qu'exigent naturellement le simple exercice et la pratique de l'écriture, du dessin et de tout art graphique, avec la plume ou le crayon, donnerait aux artistes le moyen de reproduire et de multiplier à l'infini, eux-mêmes, leurs belles et savantes compositions ; avec autant de promptitude et de facilité qu'en met le typographe pour la reproduction des œuvres de l'esprit ?

---

(1) Une assez bonne copie de ce chef-d'œuvre, de la chapelle Sixtine, à Rome, a été faite tout récemment par M. Sigalon d'Uzès ; on la voit actuellement à Paris, à l'école des Beaux-Arts.

La découverte de ce dernier art est sans contredit le plus grand pas que l'esprit humain ait pu faire vers le perfectionnement de toutes les connaissances ; avant elle la science des siècles passés n'existait pour ainsi dire que dans les anciens manuscrits ; et ce que l'expérience a été pour les sciences, le nouvel art, indiqué par René, le serait pour les arts en général, et les nouveaux maîtres qui se présenteraient dans la lice lui devraient la conservation indéfinie de leurs ouvrages, par la multiplication, et leur immortalité, comme le Tasse, Shakspeare et le grand Corneille doivent la leur à l'invention de Guttemberg.

Combien ne doit-on pas regretter que le royal artiste soit mort avec son secret, que ce secret n'ait point été révélé à ses contemporains !

Après une telle perte pour les amateurs de l'art, ne pourrait-on pas se créer une sorte de consolation en supposant par la pensée quelle eût été son influence sur les beaux-arts, sur la littérature, sur la société elle-même en général et sur son avenir, si ce procédé connu et propagé eût reçu une application aussi réelle et positive qu'elle l'est peu en ce moment, où l'on ne peut se livrer qu'à des conjectures ou à des hypothèses plus ou moins plausibles ?

On a dit d'après le texte même et l'inspection des deux pages tabellaires de la *grande Charte*,

qu'une seule plume, à l'aide d'un art merveilleux,
les avait tracées et gravées, ainsi que le portrait,
les armoiries, le fac-simile de la signature de René,
les fleurons avec leurs inscriptions ; à quoi on peut
ajouter que, d'après le même examen, on doit être
bien convaincu que tous les objets existant sur les
quatre tables de bois qui ont été décrites, ont été
tracés, gravés, imprimés d'une manière instan-
tanée et simultanément, comme le sont les lettres,
les syllabes, les mots, les lignes qui composent une
page sortant de la presse et imprimés non successivement et dans des temps différents, mais d'un
seul coup, et l'on doit convenir que, sans cette circonstance, tout ce qui peut rendre cet art merveilleux s'évanouirait complétement, en sorte qu'on
ne peut pas plus dire des gravures de Réné, qu'elles
ont été faites l'une après l'autre, qu'on ne pourrait
dire d'une page d'impression, qu'elle n'a pas été
composée instantanément et comme d'un seul jet.

On peut dire, de plus, que l'application de cet
art sur un bois aussi commun que le fayard ou le
hêtre, à fibres grossières, fait supposer naturellement qu'elle pourrait avoir lieu avec autant de
succès sur toutes les espèces connues et innombrables de cette substance végétale, depuis la plus
tendre et la plus ordinaire, jusqu'à la plus dure
et la plus précieuse.

Ainsi cet art, aussi facile que rapide, destiné à

représenter tous les objets visibles sur une substance à la portée de chacun, qui s'use beaucoup moins vite que la pierre, le cuivre, le fer et l'acier, et donne par conséquent un bien plus grand nombre d'épreuves, aurait pu, dans son application, offrir d'immenses avantages :

1° A la peinture et au dessin.

Il aurait réuni dans les mains des grands maîtres le double moyen de créer et de reproduire, en les dispensant de recourir à l'art si difficile et si pénible du graveur, et ils auraient, de cette manière, multiplié eux-mêmes à l'infini leurs études d'après nature, tous les objets d'art, aussi bien que les chefs-d'œuvre, nobles créations de leur génie dont la reproduction eût été parfaite.

Ainsi la fameuse *Cène*, de Léonard de Vinci, dont on a parlé plus haut, n'aurait exigé, pour être gravée de la part de Morghen, que le temps rigoureusement nécessaire pour en faire la copie à la plume, au lieu d'un travail lent, pénible, délicat et difficile, qui lui déroba six de ses plus précieuses années : encore n'était-ce que sur le cuivre que cet artiste célèbre se livrait à ce rude labeur, car s'il eût voulu entreprendre de reproduire sur bois le même chef-d'œuvre, il n'est pas douteux que par les procédés ordinaires de la taille, le quart de sa longue vie n'aurait pu suffire !

L'art montrerait aujourd'hui avec un juste or-
gueil l'immense et brillante statistique de ces
immortelles compositions de tous les peintres
dignes de mémoire qui ont vécu depuis l'année
1420 jusqu'à nos jours, et qui sont répartis de la
manière suivante, savoir : 80 pour le XVᵉ siècle,
500 pour le XVIᵉ, 725 pour le XVIIᵉ, 433 pour le
XVIIIᵉ et 54 pour la première moitié du XIXᵉ, ce
qui donne un total de 1792 artistes.

Qu'on se représente maintenant par la pensée
tous les chefs-d'œuvre enfantés par cet éblouissant
et glorieux cortége de l'art, reproduits parfaitement par leurs auteurs au moyen de l'invention
de Réné, non par milliers, non par centaines de
mille, mais par millions, et l'on verra la société
tout entière comme inondée de modèles inimi-
tables, aussi accessibles, par leur nombre prodigieux, aux modestes habitants des plus pauvres
chaumières, qu'à ceux des plus somptueux châteaux et des plus riches palais, et dont la vue seule
excitant à la fois la surprise et une noble ému-
lation, aurait réveillé tout à coup le génie de plus
d'un Corrége !

2° A la typographie,

Comme on l'a dit, si l'illustre Guttemberg eût
connu le procédé du roi de Sicile avant sa découverte des caractères mobiles de fonte, il n'eût

vraisemblablement point hésité à l'adopter avec
empressement, puisqu'il lui aurait offert le même
résultat avec beaucoup moins de travail, et surtout de dépense. Dans la fâcheuse position où
se trouvait le grand homme, c'eût été pour lui
une véritable fortune, puisqu'un seul trait de
plume, une seule lettre tracée par elle étant un
vrai type, il n'avait plus besoin d'employer à grands
frais ni le graveur de poinçons, ni le fondeur de
caractères, dont la matière était infiniment plus
coûteuse que le bois; de même qu'en taillant ou
sculptant péniblement les lettres fixes ou mobiles
en bois, c'est à peine si lui ou un de ses ouvriers
pouvait, dans un jour, produire un seul alphabet
composé de vingt-quatre pièces, tandis qu'avec la
nouvelle méthode, il aurait pu en faire sans effort
douze ou quinze mille dans le même temps. On
comprendra cela facilement en supposant, ce qui
n'est pas hors de probabilité, qu'un calligraphe
ou copiste écrive dans le même intervalle 15 pages
de format in-4° ordinaire, chacune de 28 lignes
et de 15 syllabes à la ligne, ou 420 syllabes, ou
840 lettres, et en tout, pour les 15 pages, 13,660
lettres.

Mais ce qui est encore plus que tout cela, c'est
que cette méthode pouvant être employée par
quiconque savait écrire, aurait, en excitant l'ému-
lation, propagé rapidement dans toutes les classes

de la société l'art de l'écriture, qui aurait alors non-seulement reproduit toutes les œuvres de l'esprit humain existant depuis la plus haute antiquité jusqu'à cette époque, mais encore toutes celles composées dans ce siècle tout rénovateur, ce qui eût eu pour effet immédiat de civiliser les populations encore plongées dans les ténèbres de l'ignorance et de la barbarie, en exposant à leurs yeux les véritables modèles en tous genres du beau et du vrai. La civilisation eût été avancée, par ce moyen, de plus de trois siècles, et la génération actuelle, possédant tous les droits légitimes conquis et reconnus dans l'ordre civil comme dans l'ordre politique par celles qui l'ont précédée, en jouirait maintenant dans toute leur plénitude, et sans craindre dans un avenir prochain le résultat décisif des luttes inévitables qu'occasionneront de nouveau ceux de ces droits qui, mal définis, contestés ou méconnus, laissent planer encore le doute sur la nature des devoirs de chacun.

On peut juger quelle eût été l'immensité de nos dépôts littéraires, par la production et la reproduction aussi incessantes qu'infinies des écrits en tous genres, opérées pendant plus de trois cents ans, et résultant de l'application universelle de cet art merveilleux, qui eût donné à la librairie, cette branche si importante du commerce et de l'industrie humaine, et à tout ce qui en dépend,

un essor aussi prodigieux, que son extension eût
été incalculable !

3° A la gravure sur bois ou à la xylographie.

Tout ce qui a été dit ci-dessus est plus que suf-
fisant pour démontrer l'incontestable supériorité
de la méthode du royal artiste (1) sur toutes les

---

(1) Voyez *Guil. Paradin*, Histoire de Lyon, in-folio, 275.
—Symp. Champier, chronique, etc. Mich. Montaigne, Essais,
liv. II, chap. 17.

En parlant de René ces auteurs disent :

Le premier « j'ai vu de lui plusieurs choses excellentes, car
il était insigne ouvrier ; »

Le second « *ce bon et dévost prince*, qui aimait les arts et
sciences, *se délectait fort en sculpture*; »

Le troisième « j'ai vu qu'on présentait au *roi François II*,
pour la recommandation de René, roi de Sicile, *un pourtraict*
qu'il avait *luy-mesme faict de luy*; »

Ce qui donne lieu au moraliste philosophe d'ajouter :

« Pourquoi n'est-*il loisible* à chacun de se peindre de la
plume, comme il se peignait du crayon? »

Pour se faire une idée juste de l'étendue d'esprit, ainsi que
du génie inventif et artistique du roi de Sicile, on peut voir et
consulter le beau monument qu'élèvent en ce moment à sa
gloire MM. le comte de Quatrebarbes et Hawke, sous le titre
d'œuvres complètes du roi René, en 4 vol. grand in-4° accompagnés d'un grand nombre de dessins et ornements, d'après
les tableaux et manuscrits originaux, et dont les deux premiers
viennent de paraître à la librairie du comptoir des imprimeurs-
unis, à Paris, mars 1845.

autres pratiquées jusqu'à ce jour, on n'y reviendra donc pas ; mais on croit devoir faire remarquer que, comparée avec les divers résultats obtenus avec plus ou moins de succès dans la gravure sur métaux et sur pierre, telle que la lithographie, et pour la reproduction des œuvres musicales, cette même méthode offrirait de nombreux avantages non moins certains sous le triple rapport de l'économie, de la célérité et du tirage des épreuves, etc., avantages qu'on pourrait étendre jusqu'aux cartes géographiques, aux figures de géométrie, d'astronomie, de presque toutes les branches des mathématiques, d'histoire naturelle, d'anatomie, à la topographie, à la géodésie, à l'arpentage, au nivellement, à la stéréotomie, aux ponts et chaussées, à l'art militaire, à la navigation, et généralement à tous les arts graphiques.

4° A la calligraphie, à la diplomatique et à la paléographie.

Il est hors de doute que si la pratique de l'art de René eût été répandue ou propagée dans le siècle où il vécut, nombre de manuscrits anciens alors existant, et perdus depuis pour la science, auraient été conservés, et qu'il en aurait été de même de tous ceux écrits après et jusqu'à nos jours, et que le temps considérable employé en pure perte par les auteurs et les écrivains à copier

12

leurs œuvres, ayant pu l'être à la composition
d'autres ouvrages dignes des premiers, ou même
leur étant supérieurs, la littérature compterait aujourd'hui une infinité de chefs-d'œuvre ou de bons
livres de plus dans toutes les branches des connaissances humaines; en sorte que nombre de questions
qui embarrassent encore les plus savants de notre
époque ayant été traitées, présentées sous un jour
tout nouveau, et la plupart peut-être résolues, ils
ne seraient pas obligés de s'arrêter en tâtonnant,
comme ils le font si souvent, dans les diverses
routes qu'ils parcourent, ce qui leur permettrait
de marcher en avant plus vite et d'un pas plus
assuré, pour atteindre à la dernière limite de la
science, qu'ils ne pourraient franchir qu'en tombant à deux genoux, comme le grand Newton
après la sublime découverte de la gravitation universelle, pour bénir et glorifier la toute-puissance
de celui qui, dans son ineffable bonté, leur aurait
permis d'arriver jusque-là.

L'auteur de cette notice a cru devoir donner
tous ces développements, et entrer dans tous ces
détails sur des monuments du génie artistique de
René d'Anjou; qu'il est loisible à chacun de voir,
d'examiner et de vérifier, parce qu'ils intéressent
éminemment les peintres, les dessinateurs, les
typographes, les libraires, les graveurs en tous
genres, les calligraphes, les écrivains, les savants,

les littérateurs de toutes les classes, de tous les pays, dans toutes les parties de la science humaine, les historiens et la foule des amateurs de l'art, cette brillante élite de la société, qui elle-même n'a pas moins d'intérêt à ce que le secret d'une invention si généralement utile, et qui a précédé de peu de temps l'époque de la Renaissance, ne soit pas à jamais perdu pour elle, et puisse un jour être dérobé à l'obscurité qui le cache encore à tous les regards, au moyen de recherches et d'investigations faites avec intelligence, ordre, soin, et surtout avec persévérance.

Celui qui, mû par une heureuse inspiration, parviendrait à le pénétrer, aurait incontestablement bien mérité de son pays et de tous les hommes instruits, intelligents et dignes d'en apprécier toute la portée et les nombreux avantages.

C'est à eux aussi qu'est adressé cet opuscule, que son auteur n'a pas eu le temps d'abréger davantage, et qu'il ne peut mieux terminer que par ces paroles empruntées à une autorité fort respectable sur cette matière (1), et qui ne sont, au reste, que l'expression des vœux déjà formés avant elle par

(1) Voyez Essai sur l'origine de la gravure en bois et en taille-douce et sur la connaissance des estampes des XVᵉ et XVIᵉ siècles, etc., par Jansen, *Paris*, 1808, 2 vol., in-8°, fig., tome I, pages 71-72.

les quatre autres historiens spéciaux de la gravure
sur bois, Enschède, Fournier, Papillon et Breitkopf.

» Un art dont les productions plaisent à notre
esprit ou qui servent à l'instruire, doit naturellement nous intéresser : nous aimons à connaître
l'homme à qui nous devons les jouissances que nous
goûtons ; et, pour lui payer un tribut de notre reconnaissance, nous cherchons à sauver sa mémoire
de l'oubli. Quand cette satisfaction nous manque,
l'art lui-même devient alors l'objet de nos recherches ; nous désirons de connaître le temps où
il a pris naissance, et quelle peut en avoir été
l'origine, pour témoigner, en quelque sorte, par
là notre gratitude à son auteur.

» Il est donc naturel qu'on soit curieux de savoir
quel est l'inventeur d'un art aussi intéressant que
celui de la gravure, qui se divise en tant de
branches différentes. Ces recherches doivent être
agréables non-seulement à ceux qui aiment cet art
pour le plaisir qu'il leur procure, mais encore à
ceux qui le pratiquent par état, en leur faisant
connaître les différents procédés par lesquels il est
parvenu de son état d'enfance à sa parfaite matu-
turité, *ce qui pourra peut-être même les conduire à
de nouvelles découvertes pour son perfectionnement,
auxquelles on n'a pas encore pensé jusqu'à ce jour.* »

Sisteron, le 25 mars 1845.

TABLE ANALYTIQUE

DES MATIÈRES.

III.

Description de la reliure en bois du *Breviarium* et du *Fasciculus*, ainsi que de leurs curieuses gravures.—Ces reliures ont fait partie du livre gravé sur bois, se composant de trente planches in-folio, donné par le roi René à Raymond Talon, évêque de Sisteron, en juin 1443, et déposé depuis cette époque aux archives ou à la bibliothèque du palais épiscopal.— Elles ont servi dans l'intervalle de 1492 à 1499, à relier ces deux volumes qui provenaient aussi de la même bibliothèque, ainsi que beaucoup d'autres. — Antoine de Révilliasc et Jean Grôllier. — Jean d'Esquenard, erreur chronologique de M. de Villeneuve-Bargemont.— Ignorance des relieurs du XVᵉ siècle, Étienne Pasquier. — Laurent Bureau; grave erreur chronologique de M. Gence, à l'occasion de cet évêque de Sisteron. — Gravures comparables à une broderie sur bois, et dont on ne peut se faire une idée juste qu'en les voyant. — N'ont pu être exécutées par aucun outil en fer ou en acier. — Écriture, véritable manu-

teur du municipe de Sisteron, cité des Voconces. — Cette
ville est la patrie de Dardanus, qui la sauve ainsi que la
haute Provence de l'irruption des barbares.— Sa reconnaissance envers ce préfet des Gaules, constatée par les médailles.— Le christianisme s'y établit dès l'année 413, à la
sollicitation de Dardanus, qui avait renoncé au paganisme.—
Le tyran Jovin se fait proclamer Empereur en août 411.—
Erreur chronologique de M. de Chateaubriand.— Dardanus
resté seul fidèle à Honorius, parvient à brouiller Ataulphe
Roi des Visigoths et Jovin.— De concert avec la princesse
Galla Placidie, il fait conclure un traité d'alliance entre
Honorius et Ataulphe.— Mort de l'usurpateur Jovin; conséquence de ce traité qui retarde ainsi la chute de l'empire
romain.— Motifs qui ont porté Sidoine Apollinaire à calom-
nier cet illustre préfet.— Sa réhabilitation par saint Jérôme
et par saint Augustin, qui l'ont jugé sans passion.— Mérite
sous tous les rapports une place distinguée dans les biographies, où son nom même n'est pas prononcé une seule fois,
bien que l'histoire fournisse de nombreux documents propres
à faire connaître sa haute influence, sur tous les mémorables
événements survenus de 408 à 418. — Irruption des barbares. — Jugement de Salvien sur ses contemporains. —
Comment Sisteron, Théopolis et la haute Provence échappèrent aux ravages de l'invasion. — Son effrayant tableau
par Prosper et saint Jérôme. — Lettre de saint Augustin à
Dardanus, qui prouve que celui-ci était encore à la tête de
son département, comprenant outre les Gaules, l'Angleterre
et l'Espagne, pendant l'été de l'année 417. — Honorius et
Théodose le jeune, consuls en 412. — Assertion erronée de
M. de Chateaubriand. — Histoire de Dardanus, à peine
effleurée. — Aucun historien n'a connu ce grand homme
sous son véritable jour, et la belle inscription de Théopolis,
gravée, au plus tard, au commencement de 412 et qui en
parle si honorablement, a été toujours mal copiée jusqu'en
1818.—Libertés des communes plus étendues en 412, qu'elles
ne le sont maintenant. — Jugement de Tacite. — Charte

FIN DE LA TABLE.

PARIS.—IMPRIMERIE DE FAIN ET THUNOT,
rue Racine, 28, près de l'Odéon.

ERRATA.

Page	ligne	au lieu de	lisez.
IY	6	siècle,	siècles.
1	1	480,	580.
6	7	du XIII et du XIV siècle,	des XIIIe et XIVe siècles.
8	6	et n'a fait que le reproduire,	et qu'il n'a fait que reproduire
9	5	Roussines,	Ronssines.
16	25	et inutilités.	et des inutilités.
20	17	Roussines,	Ronssines,
22	11	Weldemer,	Weldener.
25	19	Jean Gerson; enfin les deux,	Jean Gerson enfin;
29	2 de la note 1	Badiusascensius,	Badius-Ascensius.
34	21	et on lit en caractères,	et où on lit en caractères.
35	7	également,	généralement.
37	3	Spire (1),	Louvain (1).
41	7	Catlagni,	Castagni.
42	25	ex libris Antoni,	ex libris Antonii.
48	5	son mérite le fit évêque,	son mérite le fit nommer évêque.
49	1	a éprouvé le même sort,	a éprouvé depuis le même sort.
66	14 de la note	sur les tailles ou impôts, etc.,	sur les tailles ou impôts de 1448, etc. (Date oubliée dans le manuscrit.)
67	14	cet évêque lui avait fait don,	en lui faisant don. (Qui se rapporte au prince qui faisait don à l'évêque, c'est un contre-sens.)
id.	21	cela pourrait être,	ce qui pourrait être.
68	4	ait pu graver, lui-même,	ait pu graver aussi.
id.	5	ce fait viendrait, aujourd'hui,	qui viendraient, aujourd'hui (qui se rapporte à l'un et à l'autre ouvrage).
id.	20	aveugle,	aveuglé.
74	23	il est plus probable,	il est plus que probable.

12.

Page	ligne	au lieu de	lisez.
76	4 et 5	inscription en lettres latines,	Cette inscription devait être imprimée en lettres gothiques, comme la première légende.
id.	7	2e légende en lettres italiques,	Cette deuxième légende devait être aussi imprimée en lettres gothiques.
79	16	obtenir de lui faire frapper,	obtenir de lui, de faire frapper.
82	14	Dardanus était alors préfet,	Dardanus étant alors préfet.
87	14	deux raies ou rayons,	deux rais ou rayons.
89	17	Éckel, aux pages 90, 93 et 94,	Eckhel.
id.	1 de la note 1	92, et pag. 91, lig. 2 de la note,	græc.-lat.
94	3	de châtiment,	du châtiment.
99	24	posthumus,	postumus.
100	1 de la note 3	myrobiblon,	myriobiblon.
111	14	emmené,	entraîné.
126	23	on y voit,	on y voyait.
135	4 à la note	Capmani,	Capmany.
138	5	cet époque,	cette époque.
139	1 de la note 2	typographiæ,	typographicæ.
141	10	sa belle bible,	la belle bible.
142	8	ces féconds conducteurs,	ces féconds producteurs.
162	5	Ponthius,	Pontius.
174	4	dans la fâcheuse position,	ce qui, dans la fâcheuse position où se trouvait ce grand homme, eût été pour lui, etc.
183	34	Eckel,	Eckhel.
200	19	Spécimen d'après,	Spécimen d'impression d'après.
203	2	expécience,	expérience.

L'impression du présent ouvrage était à peu près terminée, lorsque le libraire-éditeur a reçu de la part de son auteur l'expédition en forme de l'acte authentique qui suit, et qui en est le complément nécessaire, constatant qu'après de nombreuses expériences et des essais multipliés, il est enfin parvenu, depuis quelques jours seulement, à retrouver le secret du procédé employé pour graver en relief sur bois la grande charte et les ornements qui l'accompagnent, par le roi René d'Anjou, qui aurait fait ainsi, dès 1443, pour la gravure en bois, ce qu'Albert Durer, au commencement du seizième siècle, et Sénéfelder, vers la fin du dix-huitième, ont fait eux-mêmes, l'un pour la gravure en cuivre et l'autre pour la gravure sur pierre ou la lithographie.

DÉCLARATION.

L'an mil huit cent quarante-cinq, et le dix-sept juin, par-devant nous César-Louis Beinet, notaire royal, à la résidence de la ville de Sisteron, département des Basses-Alpes, soussigné, en présence des témoins plus bas nommés et soussignés,

Est comparu M. Jean-Pierre de la Plane, ancien

magistrat, domicilié en ladite ville, lequel voulant
constater par acte public l'époque précise et la nature
de la découverte qu'il a faite ces jours derniers, et
pour l'exploitation de laquelle il se réserve de se pour-
voir auprès de l'autorité compétente, pour en obtenir
légalement la propriété, exclusive, par brevet, conformément aux dispositions de la loi du cinq juillet mil
huit cent quarante-quatre, nous a exposé les faits suivants :

Depuis mon retour dans mes foyers, qui date de
trois ans, je me suis occupé à reprendre divers travaux littéraires, commencés avant mon changement de
résidence en mil huit cent vingt-sept; la première
chose qui a d'abord fixé mon attention, a été ma bibliothèque, et j'ai entrepris d'en faire une revue détaillée; c'est pendant le cours de cette opération,
qu'en examinant soigneusement deux ouvrages imprimés dans le quinzième siècle et reliés en bois, j'ai
trouvé à ma grande surprise, sous le papier, la peau
et le parchemin qui couvraient intérieurement leurs
reliures, et dont ils commençaient à se détacher, plusieurs pages d'écriture, un portrait, des armoiries,
des fleurons et divers ornements gravés en bosse ou en
relief, par un procédé tout à fait inconnu de nos jours,
puisqu'aucun des instruments ou outils en fer et en
acier, reconnus indispensables jusqu'aujourd'hui pour
ce genre de gravure, n'a été employé. Un examen
plus attentif encore m'a appris que le tout était le pro-

pre ouvrage du roi René d'Anjou , comte de Provence,
qui l'aurait exécuté à Aix , dans les premiers jours de
l'année quatorze cent quarante-trois , et aurait ainsi
fait, dès cette époque reculée, pour la gravure en
bois, ce que plus tard Albert Durer et Sénéfelder ont
fait, l'un pour la gravure sur cuivre , et l'autre pour la
gravure sur pierre ; tout ne s'est pas borné là, car
pendant ce nouvel examen un trait de lumière, qui
est venu tout à coup briller à mes yeux , m'a mis sur
la voie du secret de ce merveilleux procédé, et après
nombre d'expériences et des essais multipliés , aussi
pénibles que coûteux, je suis enfin parvenu depuis
quelques jours , en n'employant qu'une seule plume et
une encre encaustique de ma composition, à graver
en très-peu de temps , non-seulement en relief, à une
hauteur proportionnée à la nature de son application,
mais encore en creux , sur toute espèce de bois et dans
toutes les dimensions, depuis le plus tendre, jusqu'au
buis, qui est le plus dur, tout ce que ma main, qui ne
sait point dessiner, a pu tracer, en fait d'écriture ; et
chose fort remarquable, ce dernier bois, qui lorsqu'il
est noueux a toujours présenté des difficultés insurmontables aux artistes les plus habiles , par le procédé
de la taille, n'a pas offert le moindre obstacle à l'application de ma méthode, puisque les caractères et les
traits qui s'y trouvent sont tracés, comme on peut le
voir, avec autant de netteté que ceux qui existent dans
les parties qui n'ont pas de nœuds,

Ce nouvel art, auquel je donne le nom de Xyloglyphie, composé de deux mots grecs qui signifient l'Art
de graver en bois, embrasse tout à la fois outre la gravure elle-même dans tous les genres, le dessin, la
peinture, la typographie, la calligraphie, les ornements et les décorations, l'impression sur étoffes, indiennes, toiles de coton, papiers, etc., et généralement tous les arts graphiques, et sous tous ces divers
rapports, ce nouvel art, dans son application au bois,
intéresse essentiellement l'industrie manufacturière,
ainsi que je le démontre clairement dans un ouvrage
spécial, où les monuments du roi René sont décrits et
expliqués d'une manière complète et détaillée, dans
leurs divers rapports avec l'histoire et les progrès de
l'art en général ; mais où je ne pouvais parler qu'hypo-
thétiquement des avantages de la supériorité de son
procédé sur tous ceux connus, puisque ce même ouvrage était déjà livré à l'impression lorsque j'ai fait la
découverte que je viens faire constater aujourd'hui
par un acte authentique, qui en sera le complément
nécessaire, et par lequel j'autorise messieurs les libraires ci-après nommés à le faire réimprimer, chacun
à tel nombre d'exemplaires qu'il trouvera bon, sous la
condition expresse, attendu qu'il s'agit d'un côté d'une
entreprise éminemment philanthropique, et de l'autre
d'annoncer au monde industriel et artistique une découverte qui par son importance intéresse d'une manière essentielle toutes les classes de la société, qu'a-

près avoir prélevé tous les frais, le restant du produit de la vente sera divisé en deux parts égales, dont l'une pour les libraires-éditeurs, et l'autre pour l'inventeur, qui la distribuera à ceux à qui elle est destinée et qui, afin d'atteindre plus sûrement le but qu'il se propose, a choisi pour ses correspondants, soit en France, soit à l'étranger, comme exerçant avec distinction l'honorable profession de libraire, dans les villes dont les noms suivent :

Savoir : MM. 1° A Aix (Bouches-du-Rhône), Aubin ; 2° à Angers (Maine-et-Loire), Barassé ; 3° à Athènes (Grèce), Bund ; 4° à Avignon (Vaucluse), Séguin aîné ; 5° à Amsterdam (Pays-Bas), Muller ; 6° à Bâle (Suisse), Birmann et fils ; 7° à Barcelone (Espagne), Sierra ; 8° à Berlin (Prusse), Asher et Comp. ; 9° à Besançon (Doubs), Gauthier ; 10° à Bordeaux (Gironde), Laplace ; 11° à Bourges (Cher), Fournier ; 12° à Bruxelles (Belgique), Méline ; 13° à Copenhague (Danemarck), Host ; 14° à Chambéry (Sardaigne), Perrin ; 15° à Carlsruhe (Allemagne), Groos ; 16° à Dijon (Côte-d'Or), Lagier ; 17° à Dresde (Saxe), Arnold ; 18° à Dublin (Irlande), Curry et Comp. ; 19° à Édimbourg (Angleterre), Millar ; 20° à Florence (Italie), Molini ; 21° à Francfort-sur-Mein (Allemagne), Baër ; 22° à Gand (Belgique), Hoste ; 23° à Gênes (Sardaigne), Bœuf ; 24° à Genève (Suisse), Cherbuliez ; 25° à Grenoble (Isère), J. Baratier ; 26° à La Haye (Pays-Bas), Jacob ; 27° à Lausanne (Suisse), Bridel ; 28° à Leipzig

(Saxe), Brockhaus et Avenarius; 29° à Hambourg (royaume de Hanovre), Magnus et Comp.; 30° à Hanovre (royaume de ce nom), Hahn; 31° à Liége (Belgique), Desoër; 32° à Lille (Nord), Lefort fils; 33° à Livourne (Italie), Araldi; 34° à Limoges (Haute-Vienne), Barbou frères; 35° à Lisbonne (Portugal), Martin frères; 36° à Londres (Angleterre), Miller; 37° à Louvain (Belgique), Anciaux; 38° à Lyon (Rhône), Périsse frères; 39° à Madrid (Espagne), Déné et Comp.; 40° à Marseille (Bouches-du-Rhône), L. Mossy; 41° à Mayence (Allemagne), Faber; 42° à Milan (Italie), Dumolard; 43° à Mons (Belgique), Leroux; 44° à Montpellier (Hérault), Séguin fils; 45° à Moscou (Russie), Urbain et Renaud; 46° à Munich (Bavière), de Cotta; 47° à Metz (Moselle), Collignon fils; 48° à Nantes (Loire-Inférieure), Forest; 49° à Nancy (Meurthe), Dard; 50° à Naples (Italie), Santarelli; 51° à Neufchâtel (Suisse), Michaud; 52° à Orléans (Loiret), Gatineau; 53° à Oxford (Angleterre), Vincent; 54° à Paris (Seine), L. Labbé; 55° à Rome (Italie), Merle; 56° à Rouen (Seine-Inférieure), Lefebvre; 57° à Saint-Pétersbourg (Russie), Bellizard; 58° à Stockholm (Suède), Bonnier; 59° à Strasbourg (Bas-Rhin), Leroux; 60° à Stuttgard (Wurtemberg), Paul Neef; 61° à Toulon (Var), Aurel; 62° à Toulouse (Haute-Garonne), Douladoure; 63° à Turin (Sardaigne), Bocca; 64° à Valence (Drôme), Joland; 65° à Vienne (Autriche), Mayer et Comp.

De même suite et sans désemparer, ledit M. de la Plane a déposé sur notre bureau seize *spécimens* ou échantillons de gravures exécutées en relief et en creux, sur des planches de bois de diverses dimensions et espèces ; savoir :

1° Une planchette de bois de cormier de treize décimètres de longueur, sur dix et demi de largeur, avec bordure en spirale, sur laquelle on lit, en écriture de l'exposant et d'une netteté parfaite, en relief de l'épaisseur d'une carte à jouer, les mots suivants :

Bois de Cormier.

Épargner le temps et la peine,
Tel est le but du nouvel art,
Car les labeurs, pour la plupart,
D'après l'ancien, voulaient, non point une semaine,
Mais des mois, une année ; on les voit maintenant,
Sortir du bois en un instant.

A Sisteron, le 10 juin 1845.

DE LA PLANE jeune, ancien magistrat,
inventeur de la xyloglyphie ;

De chaque côté de ce dernier mot, on voit 1° une croix haussée, surmontant une rosette formée de deux cercles concentriques, dont la circonférence est terminée en spirale ;

2° Un morceau de buis, de forme ronde, de six décimètres et demi de diamètre, et noueux, portant les mêmes mots, gravés aussi en relief, d'une manière tout aussi nette, au centre même du nœud ;

3° Une planche de bois de mérisier de dix-neuf cen-
timètres, au carré, parfaitement évidée, avec enca-
drement, comme le n°.1, sur laquelle on voit aussi
gravés en relief de la même hauteur et d'une parfaite
netteté ces mots en quinze lignes :

Bois de mérisier.

La néoglyphie ou la nouvelle méthode de graver,
inventée par le soussigné, embrasse 1° la calligraphie,
ou l'art de l'écriture, 2° la typographie ou l'imprimerie, 3° le dessin, 4° la peinture, 5° l'impression sur
étoffes, indiennes, toiles de coton, papiers, etc., etc.,
6° les ornements et les décorations, qui sont du ressort du dessinateur, du peintre, du sculpteur, de
l'ébéniste, du layetier, du menuisier, etc., etc., et
sous ces divers rapports, ce nouvel art, dans son application au bois, intéresse, essentiellement, l'industrie
manufacturière. A Sisteron, le 12 juin 1845 ; même
signature que ci-dessus, et à côté de laquelle on voit
une rosette, formée de plusieurs cercles concentriques.

4° Une planchette de bois de cormier, de onze décimètres de haut, sur huit de largeur, portant les mots
gravés comme les précédents, en dix-huit lignes :

Hommage d'admiration et de gratitude à René
d'Anjou, comte de Provence, à qui je dois l'inspiration du nouvel art, que je désigne sous le nom de xyloglyphie, ou l'art de graver à l'instant, en relief et en

creux, et de reproduire à l'infini tous les objets visibles, sur le bois, quelle qu'en soit la nature ; Sit nomen Domini benedictum. A Sisteron, le 14 juin 1845. La signature comme au numéro 1.

5° Une planche en bois de cormier, de dix-huit décimètres et demi de hauteur, sur treize de largeur, encadrée et gravée, comme les précédentes, et où on lit les mots suivants, écrits en dix-sept lignes :

Bois de cormier.

Français avant tout, le soussigné doit déclarer qu'il serait inconsolable si, contre son attente, il était réduit à la dure nécessité de céder à des sollicitations étrangères et de priver ainsi son pays des avantages, qui doivent nécessairement résulter pour lui d'une découverte appelée à opérer une véritable révolution dans l'art de la gravure sur bois, en relief, et destinée en même temps à créer, en creux sur la même substance, un art réellement nouveau. Même signature qu'au numéro 1 ; on voit à chaque côté une rosette, surmontée d'une croix haussée.

6° Une planche, en tout, conforme à la précédente et où on lit ce qui suit en vingt lignes :

Bois de cormier.

Mon écriture aux graveurs sur bois.

Artistes, la gravure en bois,
Qui, comme aux jours de son enfance,

Exige de vous à la fois,
Adresse, temps et patience,
Vient enfin cesser ses rigueurs,
Et désormais une plume légère,
Armant vos mains pour vos futurs labeurs,
Va marquer une nouvelle ère
Dans l'art si cher aux amateurs;
Car vous ne pourriez point sans elle,
Malgré vos éclatants succès,
Graver une image fidèle
De mes traits par elle tracés.

> *Signé* DE LA PLANE, ancien magistrat, inventeur
> de la xyloglyphie. A côté des mots fidèle et
> succès, on voit une rosette, surmontée d'une
> croix haussée.
>
> A Sisteron, le 14 juin 1845.

7° Une planche en bois de noyer, de vingt et un décimètres sur vingt-deux, écrite sur les deux côtés et
gravée comme les précédentes, la première page commençant par ces mots : La plupart des découvertes
dans les arts et dans les sciences ne sont dues qu'au
hasard, etc., etc., et la deuxième finissant par ceux
exprimés sur la planche n° 5. A Sisteron, le 15 juin 1845.
DE LA PLANE, etc., etc.

8° Un morceau de buis de forme ronde, ayant six
décimètres et demi de diamètre et noueux, sur lequel
sont aussi gravés les mêmes mots de la première page,
ci-dessus, en plus petits caractères et d'une manière
remarquables sur le nœud même.

9° Une deuxième planche de bois de noyer de la même dimension que la précédente, mais offrant un spécimen de gravure en creux de chaque côté, où on lit gravés d'une manière fort nette les mots : La plupart des inventions et des découvertes importantes dans les arts et dans les sciences ne sont dues qu'au hasard, mais celle-ci a été conçue et presque devinée à la vue seule des curieux monuments du roi René d'Anjou, par le soussigné qui les a décrits et qui, toutefois, n'est parvenu à la faire qu'après des essais multipliés, pénibles et fort coûteux ; cet art nouveau que son inventeur désigne sous le nom de xyloglyphie, embrasse, à la fois, le dessin, la typographie, la calligraphie, et généralement tous les arts graphiques. A Sisteron, le 15 juin 1845. *Signé* DE LA PLANE , etc. , etc.

10° Un morceau de buis de la même dimension que celui du n° 8 , et sur lequel sont gravés en creux d'une manière fort nette les mêmes mots que ceux de la précédente planche.

11° Une planchette de bois de cormier , de dix décimètres et demi de hauteur, sur huit et demi de largeur, et exécutée de la même manière que celle comprise sous le n° 6 , et contenant la même adresse de l'écriture de l'inventeur aux graveurs sur bois , mais datée du 15 juin 1845 , et suivie de la signature de l'exposant.

12° Un morceau de buis tout noueux, de la même

dimension que les précédents, et contenant la même adresse sous la même date, et gravée aussi en relief sur les deux côtés, sans que le nœud qui s'étend sur toute la pièce, ait été un obstacle à son exécution.

13° Idem, gravée d'un seul côté et même observation que pour le n° 12.

14° Autre morceau de buis, choisi exprès, comme plus noueux encore que les précédents, et où cependant se trouve gravé avec une netteté remarquable, en belles lettres capitales latines, le commencement de l'adresse ci-dessus; on reste bien convaincu en voyant ce travail, qu'il aurait été impossible au plus habile sculpteur en bois de le tracer ainsi avec ses outils à graver.

15° Petite planchette de bois de cormier, de sept décimètres et demi, sur sept, gravée plus profondément sur les deux côtés, en relief, pour avoir des épreuves et où sont conséquemment tracés en sens inverse les mots : Spécimen d'après la nouvelle xylographie, de la Plane, jeune, ancien magistrat à Sisteron, le 10 juin 1845, avec quatre rosettes, une grande au haut de la page et trois autres plus petites au bas, surmontées chacune d'une croix haussée. Quelques épreuves données par cette planche, ont été mises sous les yeux de nous notaire et des témoins et elles nous ont paru être aussi nettes et aussi bonnes qu'elles peuvent l'être, en songeant que l'exposant n'a

à sa disposition absolument rien de ce qui serait cependant nécessaire pour pouvoir imprimer.

16° Autre petite planchette de bois de cormier de
sept décimètres et demi de hauteur, sur six et demi
de largeur, sur laquelle on lit, gravé en relief, ce qui
suit, écrit en douze lignes, encadrées par des traits
de plume d'une netteté remarquable :

Hommage de mon admiration

à

Guttemberg. — 1445 ;
Albert Durer. — 1512 ;
Sénéfelder. — 1793.

*Non nobis, Domine, non nobis, sed nomini tuo da
gloriam ! !*

A Sisteron, le 15 juin 1845.

DE LA PLANE jeune, ancien magistrat.

A côté on voit deux cercles concentriques, et la date
de 1845, répétée.

Tel est le résultat, a repris ledit M. de la Plane,
auquel je suis enfin parvenu, après beaucoup de peine,
de soins, de travail et, il faut le dire, de dépense ;
mais j'en suis amplement dédommagé par le succès
qui les a couronnés, puisqu'au moyen de cette invention, que j'ai simplifiée au dernier point, les artistes
pourront, dans moins d'une heure, exécuter sur une

substance qu'on trouve partout, qui est bien moins chère et qui s'use beaucoup moins vite que la pierre, le cuivre, le fer et l'acier, et qui, par conséquent, peut donner un bien plus grand nombre d'épreuves, un travail qui, par le procédé de la taille, le seul connu et pratiqué depuis l'origine de la gravure en bois, aurait exigé d'eux des jours, des semaines, des mois, et même des années entières, ce que l'on comprendra facilement par l'exemple que voici : Prenons la planche de cormier n° 5, sur laquelle se trouvent gravées en relief seize lignes d'écriture, de trente lettres chacune, et en tout quatre cent quatre-vingts lettres, et un cadre ou bordure en spirale, faite sur chaque côté d'un trait de plume, avec les coins formés de plusieurs cercles concentriques. Supposons maintenant qu'il n'existe plus rien de tout cela sur cette planche, et qu'un artiste ait le dessein d'y tracer, au milieu, en saillie qui domine tout, jusqu'au point où il veut faire sa bordure, la lettre G du mot *gravure*. Il faudra de toute nécessité qu'il évide uniformément la planche dans tout cet espace, une journée sera à peine suffisante pour cette première opération ; maintenant, s'il veut faire une copie entière de la planche telle qu'elle est, et la reproduire avec exactitude, il faut qu'il taille chaque lettre l'une après l'autre et qu'il enlève le bois tout autour, et cela d'une manière nette, égale et sans la moindre fracture, qui deviendrait irréparable ; le temps qu'il emploiera à ce pénible et difficile travail

est déterminé d'une manière précise par une expé-
cience journalière, qui apprend que le plus habile ouvrier dans ce genre de sculpture ne peut pas en tailler
plus de quinze par jour lorsqu'elles sont mobiles et in-
dépendantes les unes des autres ; mais ici son travail
se compliquera d'autant plus, qu'il y a un plus grand
nombre de lettres fixes à sculpter, et que ces lettres
sont faites à la main, et conséquemment d'une exécution bien plus difficile que celles destinées à l'impression. Maintenant, en supposant qu'il puisse en
faire ainsi quinze dans le même temps, ces quatre
cent quatre-vingts lettres l'occuperont donc trente-
deux jours, qui lui seront payés chacun à raison de
sept francs cinquante centimes, ce qui donne la
somme de deux cent quarante francs, le prix de chaque lettre étant fixé à cinquante centimes, d'après
l'expérience acquise vers mil huit cent par feu M. Camus, ancien conservateur des archives nationales,
qui à cette époque en fit sculpter pour un essai d'impression qu'il voulait faire ; en ajoutant à ces trente-
deux jours celui qui aura été employé à évider la
planche et à tracer la première lettre, et les deux autres pendant lesquels l'ouvrier aura évidé et sculpté la
bordure en spirale et les coins aux quatre angles, on
aura trente-cinq jours pour la gravure entière de la
planche, qui aura conséquemment coûté deux cent
soixante-deux francs cinquante centimes ; en admettant, toutefois, encore la possibilité de l'exécution,

conformément au modèle. Cependant le même résultat a été obtenu par l'inventeur du nouvel art, en quelques instants, qui suffiraient également pour produire un ouvrage infiniment plus compliqué et d'une dimension bien plus considérable, soit en fait d'écriture, soit en fait de dessin.

Ainsi, l'enfant du pauvre, qui sait écrire ou dessiner, pourra, lorsque cet art sera tombé dans le domaine public, l'exercer aussi facilement que le fils du roi, et il reproduira à l'infini son écriture, tous les objets qui pourront l'intéresser dans sa chaumière ou dans son champ, les traits de ceux qu'il chérissait le plus, fugitifs jusqu'alors dans sa mémoire, se fixeront à jamais sur une partie de l'arbre que ses humbles parents plantèrent, virent croître, et sous l'ombrage duquel il fut élevé. Du fond de sa modeste habitation, s'il est lésé dans sa personne ou dans son bien, sa juste plainte pourra se multiplier par milliers, au moyen d'une application de cet art nouveau, et parvenir ainsi jusqu'aux extrémités du monde, et sa faible voix, unie à toutes celles qui pendant si longtemps ont vainement crié dans le désert, concourra à la formation de cette voix irrésistible et formidable qui ne cesse d'appeler depuis des siècles la rénovation sociale, qui peut seule rendre à l'homme quel qu'il soit, cette créature immortelle faite à l'image de Dieu, son véritable rang et toute sa dignité.

Étranger à l'art du dessin, si l'inventeur ne peut,

par lui-même, exploiter, sous ce rapport, sa découverte, il peut du moins pressentir tout ce qu'elle deviendra entre les mains habiles et exercées des véritables artistes, dans la culture de ce bel art et de tous ceux qui en dépendent ou qui s'y rattachent ; leur goût et leur talent ne devront-ils pas, nécessairement, s'accroître en intelligence de tout ce que la nouvelle invention les mettra dans le cas d'abandonner du côté d'un travail manuel, purement mécanique, dont la seule exécution, pour obtenir quelque succès, est si propre à les décourager et à absorber toutes leurs autres facultés ?

Leur intérêt bien compris, ainsi que celui de ce nouvel art, est donc de se concerter et de s'entendre pour obtenir de celui qui l'a inventé, le secret du procédé auquel il le doit.

De tout quoi nous, dit notaire, avons donné acte audit M. de la Plane, toujours en présence des sieurs Charles Silvestre et de Rodolphe Eyraud, tous deux demeurant et domiciliés en cette ville de Sisteron où ils exercent la profession de menuisiers, témoins qui ont reconnu individuellement, ainsi que nous, l'exactitude de la description qu'il a faite des spécimens ou échantillons de gravures sur bois, en relief et en creux, produits devant eux, à l'appui de l'exposé ci-dessus, et ont signé, ainsi que ledit M. de la Plane et nous, dit notaire, les jour, mois et an susdits ; lesdits témoins ayant déclaré avoir fourni à M. de la Plane les divers échantillons de bois, vérifiés, et qui ont été ensuite gravés par ce dernier.

Signés à la minute, M. DE LA PLANE, SILVESTRE, R. EYRAUD, et BEINET, notaire.

Enregistré à Sisteron le dix-neuf juin mil huit cent quarante-cinq, folio 108, recto, case 6.

Reçu un franc; subvention, dix centimes. Signé LACHAU.

Pour expédition conforme à la minute délivrée au requis de M. de La Plane.   BEINET, notaire.

www.ingramcontent.com/pod-product-compliance
Lightning Source LLC
Chambersburg PA
CBHW071116280326
41935CB00010B/1031